跨境电商数据化管理

阿里巴巴速卖通宝典

速卖通大学 编著

电子工业出版社

Publishing House of Electronics Industry

北京·BEIJING

内 容 简 介

　　《跨境电商数据化管理》是由阿里巴巴速卖通大学的几位资深讲师结合实践完成的一本跨境 B2C 力作。"阿里巴巴速卖通宝典"系列已出版的图书有：《跨境电商物流》《跨境电商客服》《跨境电商美工》《跨境电商营销》《跨境电商数据化管理》和《跨境电商——阿里巴巴速卖通宝典（第 2 版）》。已有近 20 万名跨境电商从业者选择阅读本套丛书，各类跨境电商培训机构和院校的学员也将本套丛书作为提升理论水平与实践能力的参考用书。

　　本书通过 6 章的内容，尽可能全面、详尽地介绍了数据分析基础知识、数据化选品、数据分析引流、数据化优化与提高点击率和转化率、店铺的整体数据分析、无线端数据分析。

　　本书适合所有已经从事跨境电商，或有志于此的朋友们，让天下没有难做的跨境生意！

图书在版编目（CIP）数据

跨境电商数据化管理 / 速卖通大学编著. —北京：电子工业出版社，2016.1
（阿里巴巴速卖通宝典）
ISBN 978-7-121-27677-4

Ⅰ. ①跨… Ⅱ. ①速… Ⅲ. ①电子商务－商品信息－信息处理 Ⅳ. ①F713.36②F713.51

中国版本图书馆 CIP 数据核字(2015)第 284576 号

策划编辑：张彦红
责任编辑：王　静
印　　刷：北京捷迅佳彩印刷有限公司
装　　订：北京捷迅佳彩印刷有限公司
出版发行：电子工业出版社
　　　　　北京市海淀区万寿路 173 信箱　邮编：100036
开　　本：720×1000　　1/16　印张：12.5　字数：218 千字
版　　次：2016 年 1 月第 1 版
印　　次：2021 年 7 月第 15 次印刷
定　　价：49.00 元

　　凡所购买电子工业出版社图书有缺损问题，请向购买书店调换。若书店售缺，请与本社发行部联系，联系及邮购电话：(010) 88254888，88258888。

　　质量投诉请发邮件至 zlts@phei.com.cn，盗版侵权举报请发邮件至 dbqq@phei.com.cn。

　　本书咨询联系方式：010-51260888-819，faq@phei.com.cn。

序言一

　　阿里巴巴旗下的全球速卖通平台原本只是阿里巴巴 B2B 业务中的一个项目。因为洞察到外贸订单碎片化的趋势，速卖通业务负责人沈涤凡和核心团队在过去 5 年卧薪尝胆，披荆斩棘，硬是趟出一条跨境电商零售之路。

　　有时我会觉得不可思议，难道就是这样一群普通得不能再普通的小二，帮助中国数以万计的商家把上亿的商品行销海外，服务了全球超过 220 个国家和地区的消费者么？

　　之前速卖通低调得令国人甚至阿里巴巴的同事都感觉陌生。直到在刚刚结束的 2015 年全球化"双十一"活动中大放异彩，单日创造的 2124 万笔订单，终于让坚定地跟了我们很多年的中国卖家幸福得泪流满面。

　　要感谢过去 5 年无数"中国制造"和中小外贸公司甚至个人卖家的不离不弃，陪伴速卖通平台一起成长壮大，共同探索跨境电商的技巧和心得。作为平台，我们除帮助卖家获取到全球优质流量，陪衬完善的跨境支付和物流解决方案外，最重要的任务是向商家学习，把优秀商家的心得和我们探索的经验充分与大家分享！

　　跨境电子商务领域的全球竞争已经开始。而中国将首次因为拥有世界上最大的电子商务市场而重新制定"电商 WTO"新秩序。这对于一直在寻找转型方向感的"中国制造",对于想要全球化国际化的本土企业,对于渴望价廉物美的中国商品的全球消费者,都是一种希望。

让天下没有难做的跨境生意!

阿里巴巴集团跨境 B2C 事业部总经理　逸方

序言二

　　2014 年 4 月底，江南渐入初夏的日子，我来到绥芬河，在这个湖面依然冰封的边陲小城举行客户见面会。当地的卖家热情之高，让我惊讶。与其中一位客户随意交谈，他告诉我，之前从事传统边贸十余年，也做过淘宝，而现在毅然转型速卖通的原因，一是在国外社交网站上，看到越来越多的老外在晒单，夸耀在速卖通上买到的物美价廉的商品；二是看到物流公司的速卖通业务突飞猛进。"这两件事情，假不了！"他非常肯定地说。

　　电子商务在中国虽然只有短短十余年的历史，但已经经历了 B2B、C2C 两次创业浪潮：第一次让许多外贸公司、外贸工厂如虎添翼；第二次，淘江湖应运而生，淘宝、天猫成为网购的代名词；而现在，跨境 B2C 来了。

　　速卖通平台能够让卖家直接面对全球终端客户，这条短得不能再短的商业链，造成了多赢的局面，因而业务呈现爆发式的增长。而大量卖家，经历过 B2B、C2C 的历练和准备后，如上面那位绥芬河卖家一样，有勇气和能力，直面全球 220 多个国家和地区的消费者。

　　由于不同的语言、地域、气候、国家政策、文化、消费习惯等因素，跨境电商从一开始，就对卖家提出了较高的要求，在基础操作、规则、选品、物流、营销、数据分析、视觉美工、客服、支付等电商课题上，需要有不同于国内电商业务的视野和思考。

作为直接负责卖家成长和培训的部门，速卖通大学从创立开始，就秉持"助人为快乐之本"的信念，面对市场日益急迫和汹涌的学习需求，在线上及线下，借助速卖通大学讲师团及全国合作机构、商会、院校的力量，帮助速卖通卖家提升和进步！

本书的编纂工作，集结了速卖通大学最为优秀的师资力量，他们以极端负责的精神，投入了大量的时间和精力，没有这些老师们的努力，就不会有此书如此高质量的出版！在此致以衷心的感谢！

由于电子商务时时刻刻都在高速进化，永远是 beta 版，本书的内容只对应截稿日的页面、规则、数据和经验之谈。另外，由于水平有限，时间仓促，难免有不足之处，请各位同行及读者不吝提出宝贵意见和建议。

最后，愿此书能帮助所有从事跨境电商的朋友们取得更好的业绩！

速卖通大学讲师团　横刀

序言三

经常听到有卖家朋友问我，如何才能更加严谨地管理速卖通的店铺。作为一位纯工科毕业生，我一直认为能用数据得出结论的就尽量做好数据分析，由于速卖通平台是零售平台，买家大多数是直接用户，所以分析买家的行为以及需求对于提高店铺的产品销量，显得尤为重要。

速卖通的后台为卖家提供了一个很好的功能——数据纵横，它是我们分析数据的基础。数据纵横里面包括了"经营分析"和"商机发现"两大部分，其中"经营分析"中既有查看店铺实时数据的"实时风暴"，又有查看店铺运营情况的"商铺概况""商铺流量来源""商铺装修"，有了这些功能，我们就可以把握自己店铺的实时及平时运营中的数据。另外，这里还有一个功能"商品分析"，在这里可以看到自己产品的运营数据，找出产品面临的问题，从而更有针对性地进行店铺优化。

数据纵横的第二个部分是"商机发现"，这里包括了三个重量级的数据工具——"行业情报""选品专家""搜索词分析"，在这里，卖家可以通过多种数据分析方法选行业、选品、选关键词，从而为我们精准地选行业、选品、选关键词节约了大量的时间。

速卖通大学为了更好地帮助卖家成长，再次重磅推出速卖通宝典系列课程，我非常荣幸受到横刀校长的邀请来主编此部《速卖通数据化管理》，同时本书邀请了速卖通大学的多位知名卖家讲师加入，为大家带来一部干货十足的宝典。

第 1 章是由我写的，介绍数据分析的主要内容以及知识点。通过第 1 章的学习，读者可以对整部宝典的内容有大概的了解。

第 2 章的作者是曾健威老师，主要介绍如何数据化精准选品。

第 3 章的作者是徐曾老师、李永鑫老师和查林涛老师。此章可以说是内容最多的一章。俗话说做电商"流量为王"，通过本章的学习读者可以掌握如何为速卖通店铺数据化引流。

第 4 章的作者是李易老师。店铺有了流量以后，接下来就要关注店铺的点击率及转化率。此章主要介绍如何数据化分析点击率和转化率。

第 5 章的作者是陈明华老师和吴明芳老师。经过选品、引流、分析点击率后，接下来我们就要学习店铺整体的数据分析。通过对整个店铺的运营数据进行分析，我们才能更加准确地对店铺的发展进行下一阶段的规划。

第 6 章的作者是汪星老师和许红美老师。随着智能手机的普及，越来越多的海外买家开始使用无线端购物，本章主要对无线端的运营数据进行分析。

"工欲善其事，必先利其器"，通过学习此书，相信读者定会掌握数据分析这把利器，在日常的速卖通店铺运营中对店铺及产品数据进行分析时定会事半功倍。最后，祝大家在阿里巴巴全球速卖通平台收获满满。

速卖通大学讲师团　　张峰

目录

第 1 章

数据分析概述

本章要点：

- 数据分析的定义与重要性

- 数据分析常用公式和名词解释

- 数据分析选品概述

- 数据化引流概述

- 数据化优化点击率和转化率

- 整体店铺的数据分析

- 无线端数据分析

1.1　数据分析的定义与重要性

数据分析是指用适当的统计分析方法对收集来的大量的第一手资料进行分析，以求最大化地开发数据资料的功能，发挥数据的作用，提取有用的信息和形成结论，从而对数据加以详细研究和概括总结的过程。

速卖通的卖家通过数据分析，能将整个店铺的运营建立在科学分析的基础之上，将各种指标定性、定量地分析出来，从而为决策者提供最准确的参考依据。

1.2　数据分析常用公式和名词解释

UV：Unique Visitor，网站独立访客，即访问网站的一台电脑客户端为一个访客。

PV：Page View，即页面浏览量或点击量，用户每次刷新即被计算一次。

平均访问深度（PV/UV）：等于 PV/UV，数值越大，买家访问停留页面的时间越长，购买意向越大。

店铺成交转化率：指成交用户数占所有访客数的百分比，即店铺成交转化率=成交用户数/总访客数。

单品转化率：等于单品下单用户数/访客数。

PV 点击率：即浏览量（点击量）占曝光量（流量）的百分比。

1.3　数据分析选品概述

选品，是数据化运营的基础，其可以分为站外选品和站内选品两类。

首先来看站内选品。这时我们要用到速卖通平台提供的非常好的工具——数据纵横。在数据纵横中，广义上的选品，可以使用"行业情报"（见图 1-1）和"选品专家"（见图 1-2）两个工具先选择行业再选择产品。如果是狭义上的选品，就是指从现有的在售产品中选择热销的产品，可以使用的工具为"商品分析"。总之，数据纵横是一个非常好的工具，卖家一定要通过仔细地分析数据纵横中所提供的数据来选品。

图 1-1

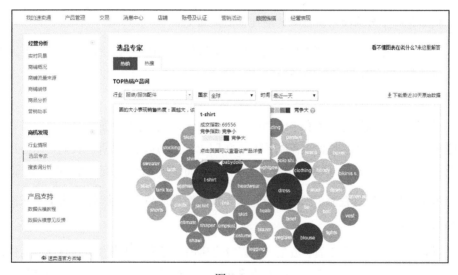

图 1-2

其次，站内选品还包括选择平台上热销的款式。我们可以从普通搜索页面中搜索我们想要查询的关键词后，找到标题右侧有箭头的产品，单击箭头会看到平台热销产品和平台中销量上升速度较快的产品。

另外，站内选品还包括平台活动中所入选的产品，这些产品一般都是平台小二根据买家需求所选拔出来的产品。我们在为店铺选品时可以参考这些产品。

在直通车中也有一个选品工具，这个工具也非常好，它可以帮助卖家选择 4 个不同纬度的产品，分别是"热销款""热搜款""潜力款""不限条件"。卖家还可以根据自己的需求选择不同的筛选条件。

下面介绍站外选品。进行站外选品时，首先要参考其他跨境电商平台中的热销产品。其次可以使用谷歌的"全球商机洞察"工具来分析不同国家买家的需求，还可以利用一些第三方的网站来分析其他跨境电商平台的热销款。最后我们还可以经常浏览一些国外的知名流行类网站来查看潮流趋势。

1.4 数据化引流概述

"流量为王"是所有网店运营的核心，通过数据化选品以后，接下来我们需要做的就是为产品或者店铺引流。

流量整体上分为类目流量和普通搜索流量两类。

类目流量也就是从左侧类目栏通过层层筛选最后到达产品展示页的流量。普通搜索流量是在首页搜索栏中填写关键词搜索后展示的页面的流量。这两个流量来源都非常关键。

从语言角度来划分，还有小语种流量。在后台的产品编辑页面，我们可以看到有5种不同的编辑页面，也就是前台所展示的不同语言的速卖通站点。我们可以通过数据分析工具找出相应的小语种词汇来优化小语种页面，从而最大化地获取小语种流量。

我们还可以通过直通车的数据分析来选择匹配度最高的关键词进行推广，从而为产品精准引流。

从流量的落地页面来看，流量还可以分为店内流量和站内其他流量两类。店内流量相对比较简单，也就是通过店铺内的搜索栏搜索本店产品的流量。而站内其他流量包括的范围比较广泛，但是其核心就是店铺产品与产品之间页面的跳转，也可以称之为流量的共享，主要工作就是关联营销以及店铺装修等环节。

接下来我们要讲的就是速卖通站外的流量，这里主要要讲的是通过从站外获取关键词优化我们所推广的产品，以及通过站外的推广手段，例如 EDM 营销、SNS 营销来为店铺引流。

1.5　数据化优化点击率和转化率

在店铺有了稳定的流量以后，为了更好地提升店铺的业绩，接下来就要开始分析产品的点击率和转化率。

影响点击率的要素相对比较简单，主要是产品的主图和标题。产品能否引起买家的点击，首先要看主图展示的是不是买家想要的产品。下面就通过数据分析，分析出搜索度高的产品属性来优化我们的产品主图。在产品标题中我们要尽量添加一些点击量高的词，这样才能更好地提高点击率。

影响转化率的因素主要有单品的转化率和全店的转化率。单品的转化率重点关注的是流量优化、商品优化以及客服优化。

店铺的转化率更多的是取决于热销款商品的转化率，要从平均停留时间、热销款流量的去向以及老客户营销来提高店铺的整体转化率。

1.6　整体店铺的数据分析

当我们选好了产品，引来了流量，优化了点击率和转化率以后，接下来要做的就是分析店铺整体的数据。

进行店铺整体的数据分析时，首先要分析的是买家的行为，通过分析店铺的买家具体特征，可以为接下来的运营提供数据支持。

分析完买家行为以后，接下来就要分析运营人员在日常的数据化运营中，每个不同的时间节点都需要做哪些工作。工作细分了，效率才能提高。

利润永远是卖家最关注的问题，而店铺的利润在绝大多数情况下取决于仓库中的库存，也就是我们最关心的仓库的动销率。所以，我们要经常统计仓库中哪些产品是滞销的，从而将其淘汰，哪些产品是热销的，从而将其继续推广。仓库的动销率提高了，店铺的利润自然也会随之增加。

1.7　无线端数据分析

从 2014 年开始，我们发现店铺里来自无线端的订单越来越多，而且无线端的买家群体增长速度很快，这是因为随着手机智能化以及 Wi-Fi 信号的覆盖率增加，年轻的海外买家们更加喜欢相对简单的移动端购物，那么对店铺运营来说，无线端的数据分析也越来越重要。

无线端的优化和 PC 端稍微有所区别，受屏幕大小的限制，无线端更突出的是主图的重要性以及详情页的适配性。只有做好了无线端的数据分析，才能够更好地服务买家从而提高店铺的点击率和转化率。

作为付费流量最大的入口，直通车的数据分析也是非常关键的。我们可以通过简单的方法来分析直通车推广的投入产出比。只有投入产出比提高了，直通车推广的效果才能达到最好。

总结一下，店铺的数据化运营阶段包括"选品""引流""优化点击率和转化率""整体店铺的数据分析"这 4 个阶段。每个阶段都非常关键，接下来的章节会详细分析每个阶段需要做的数据分析工作。

第 2 章

数据化选品

本章要点：

- 速卖通选品的定义和分类

- 行业情报选品

- 选品专家

- 前台分析选品

- 商品分析

- 直通车使用技巧

- 站内工具组合拳

- 站外选品

2.1 速卖通选品的定义和分类

1. 速卖通选品的定义

速卖通（www.aliexpress.com）毫无疑问已经成为当下全球范围内最热门的跨境B2C网站之一，卖家可以在这里向全世界的买家展示自己的产品。

全世界各个国家都有自己的传统与文化，也有自己的生活和消费习惯，卖家们如何应对？所以，挑选出符合买家需求的产品，是通过速卖通选品最根本的目的。

然而，在数据化运营的范畴里，选品也被赋予了更多意义，如图2-1所示。可以说，在速卖通店铺的运营链条里，选品无处不在，但并不是人人都能够精准地把握与运用的！

图 2-1

2. 速卖通选品的分类

（1）从宏观的角度来看，速卖通选品分为站内选品与站外选品两大类。

站内选品，顾名思义就是指通过速卖通站内所有可利用的条件及工具去选择市场。类目或产品的选品工作是为店铺运营里诸如打造爆款、推广营销等动作提供操作的支撑与依据。

站外选品，指通过速卖通以外的可利用的条件及工具去选择市场，类目或产品的选品工作，同样是为店铺运营提供支撑与依据。

（2）如果从微观的角度将选品再细分，类别就会更多，性质与作用也更鲜明了。

站内选品分为行业情报选品、选品专家选品、前台分析选品、商品分析选品、直通车工具选品。

站外选品分为搜索引擎分析、参考其他跨境 B2C、咨询类工具网站应用、开发线下供应商。

2.2　行业情报选品

2.2.1　行业情报选品概述

数据纵横中的行业情报是一个能从多个方面，例如访客数占比、成交订单数占比、供需指数等去展示除一级类目外所有行业类目的数据情报的工具，如图 2-2 所示。

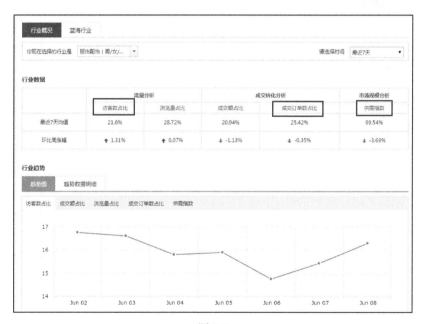

图 2-2

因为所有卖家都能用行业情报工具获取这些经系统处理后的行业数据，所以利用行业情报选品是每一位卖家的必备技能。下面介绍如何把这些数据整合与运用，让其成为我们选品的依据。

2.2.2　用行业情报分析服装行业中的热门二级类目

下面以服装行业下热门的二级类目女装为例，具体介绍如何利用行业情报进行数据分析。

如图 2-3 所示，选择最近 7 天作为数据的时间维度，从中可以看到最近 7 天的行业数据。下面需要普及一下简单的数据分析思路。

正相关逆差：例如在图 2-3 中成交订单数占比与成交额占比呈环比周涨幅关系。当成交订单数占比与成交额占比均为上升趋势时，它们从逻辑上明显成正相关关系，即成交订单数上升，自然成交额也会随之上升，但在此需要讨论的是同为上升数据之间的大小差异。订单数占比提升 0.21%，而成交额占比提升 0.7%，成交额提升比例更大，可以理解为商品的客单价提高了。

图 2-3

反相关逆差：例如在图 2-3 中供需指数与访客数占比呈环比周涨幅关系。供需指数越低，表示行业竞争度越低，而访客数占比提升 0.99%，供需指数下降 1.79%，供需指数的下降幅度更大，可以理解为买家发展速度高于卖家，所以即使是看似竞争激烈的女装行业，实际上竞争度也在下降。

这两个简单的概念只为抛砖引玉，希望传达给读者的是思考模式而不只是单个概念。还有图 2-4 中的访问深度水平、客单价水平都是比较简单的概念延伸。其中：

访问深度水平=浏览量占比/访客数占比

客单价水平=成交额占比/成交订单数占比

	流量分析			成交转化分析			
	访客数占比	浏览量占比	访问深度水平	成交额占比	成交订单数占比	客单价水平	供需指数
最近 7 天均值	78.81%	67.18%	85.24%	53.31%	57.21%	93.18%	62.95%
环比周涨幅	0.99%	0.48%		0.7%	0.21%		-1.79%

图 2-4

如图 2-5 所示是最近 7 天的行业数据，要对该行业的国家市场形势进行分析，可以从三大主力国家入手。其中：

俄罗斯（RU）表现中规中矩，21.65% 的访客完成了 26.17% 的成交额。

美国（US）表现强劲，仅 5.72% 的访客完成了 13.99% 的成交额。

巴西（BR）市场表现一般，14.56% 的访客仅完成了 6.49% 的成交额。

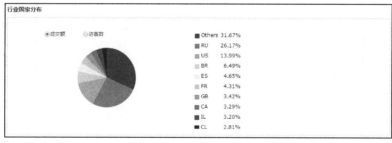

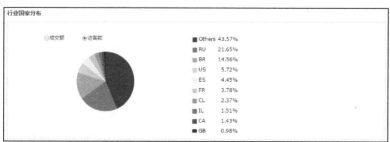

图 2-5

所以通过对二级行业的国家市场形势进行分析，可以非常明了地找到消费能力强的国家。值得注意的是，另外两个国家英国（GB）和加拿大（CA），前者以 0.98% 的访客完成 3.42% 的成交额，后者以 1.43% 的访客完成 3.29% 的成交额。

既然通过数据分析我们已经挖掘到这些消费能力强的国家了，那么下面要做什么呢？

2.2.3　用行业情报分析女装行业热门产品

通过对女装类目的整体分析，并且决定要发展此类目后，接下来要做的就是通过行业情报的数据分析次级类目的热门产品，从而得到女装行业的选品方向。热门产品自然是红海，尽管是红海，但依然有切入点。用数据找到一条安全的红海之路，也是卖家的一个必修技能。

下面以女装行业下的 3 个热门类目为例，以 30 天为时间维度，提取出原始表格，如图 2-6 所示，然后进行处理，制成表格，如图 2-7 所示。

dress	流量分析		成交转化分析		市场规模分析
	访客数占比	浏览量占比	成交额占比	成交订单数占比	供需指数
最近30天均值	49.48%	36.92%	29.34%	24.95%	126.54%
环比周涨幅	1.69%	1.88%	-0.17%	-1.38%	-4.45%
blouse	流量分析		成交转化分析		市场规模分析
	访客数占比	浏览量占比	成交额占比	成交订单数占比	供需指数
最近30天均值	39.55%	17.07%	11.98%	16.43%	36.12%
环比周涨幅	5.44%	5.44%	-1.07%	-1.62%	-5.30%
上衣 top	流量分析		成交转化分析		市场规模分析
	访客数占比	浏览量占比	成交额占比	成交订单数占比	供需指数
最近30天均值	11.55%	10.66%	8.90%	12.99%	181.72%
环比周涨幅	-11.49%	-1.75%	4.46%	4.67%	10.09%

图 2-6

	类目	流量分析			成交转化分析				市场规模分析		
		访客数占比	浏览量占比	访问深度水平	成交额占比	成交订单数占比	客单价水平	购买力水平	供需指数	市场综合表现
最近30天均值	dress	49.48%	36.92%	74.62%	29.34%	24.95%	117.60%	79.47%	126.54%	0.37
	blouse	39.55%	17.07%	43.16%	11.98%	16.43%	72.92%	70.18%	36.12%	0.56
	上衣top	11.55%	10.66%	92.29%	8.90%	12.99%	68.51%	83.49%	181.72%	0.04
求和			64.65%		50.22%	54.37%				

图 2-7

从图 2-7 中的浏览量占比之和可知，仅这 3 个类目已经瓜分了女装行业 64.65%
的浏览量。并且这 3 个类目的成交额占比之和、成交订单数占比之和分别达到了
50.22%和 54.37%。可见这 3 个类目是女装类目下的 3 块大蛋糕。下面我们分别用数
据分析这 3 个类目。

连衣裙 Dress：访客数高，浏览量较高，成交额高，订单数较高，客单价高，竞
争较大。

雪纺衫 Blouse：访客数高，浏览量一般，成交额一般，订单数一般，客单价偏低，
竞争小。

上衣 Top：访客数较高，浏览量较高，成交额一般，订单数一般，客单价低，竞
争巨大。

其中：

图 2-7 中定义 "购买力水平=成交额占比/浏览量占比"。

图 2-7 中定义 "市场综合表现=访客数占比×购买力水平×客单价水平/供需指数"。

市场综合表现并不是一个标准的量化性指标，它可以概括为单位访客的购买力在
此市场供需关系的客单价水平下所能完成的营业额指数。可以将其通俗地理解为卖此
类产品的收益指数，指数越高，代表此类目的销量越高，发展速度越快。

这仅是一个总结的指标，里面还能衍生出各种逻辑和思路，需要读者在实践的过
程中继续拓展与总结。

2.2.4　用行业情报分析蓝海产品

行业情报里的蓝海产品工具界面如图 2-8 所示。"蓝海"在平台里指的就是竞争
还不大，以后买家需求会逐渐增大的充满未知和机会的行业市场。在蓝海产品工具界

面的下半部分——蓝海行业细分里，可以选取任意行业去挖掘其中的蓝海叶子行业。

图 2-8

在此要提醒读者，不是每个蓝海行业都适合我们，因为每个行业都有其发展的时间点，根据市场的供需指数变化，找到准确的时间点，相信你能成为这个行业里第一个吃螃蟹的人。

2.3　选品专家

2.3.1　热销选项

选品专家中的热销选项界面如图 2-9 所示，在其中可以通过行业、国家、时间 3 个维度来筛选数据，并可以导出最近 30 天原始数据自行处理分析。在界面的主区域则用一个圆来代表一种产品，圆的大小代表销售热度，圆的颜色深浅代表竞争程度。

圆越大，产品越热销；颜色越蓝，产品的竞争程度越低。所以我们要选择颜色最蓝，圆最大的蓝海产品。

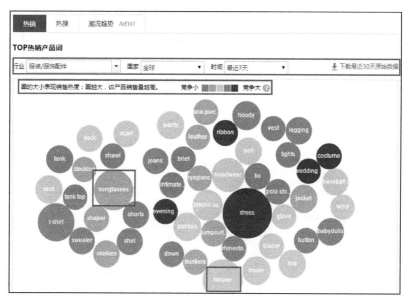

图 2-9

单击代表"dress"的圆，进入热销选项的次级页面——销量详细分析页面。此页面有 TOP 关联产品和 TOP 热销属性两个区域，如图 2-10 所示。

在 TOP 关联产品中，图的大小和颜色所代表的意思和热销选项界面相同，圆之间的连线的粗细代表了买家的同时关注度，所以其可作为关联产品选品的依据。

在 TOP 热销属性中，圆的大小和颜色所代表的意思和热销选项界面相同，在这里可以展开观察各属性的销售热度，可导出最近 30 天原始数据做进一步分析。

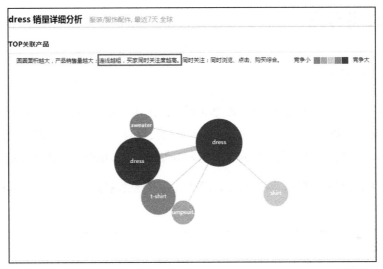

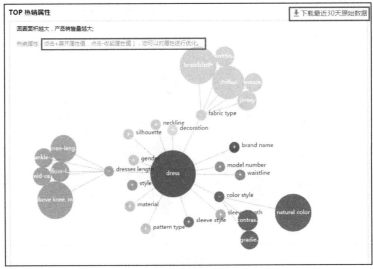

图 2-10

2.3.2 热搜选项

选品专家中的热搜选项界面如图 2-11 所示,在其中可以通过行业、国家、时间 3 个维度来筛选数据,并可以导出最近 30 天原始数据自行处理分析。在界面的主区域则用一个圆来代表一种产品,圆的大小代表销售热度。

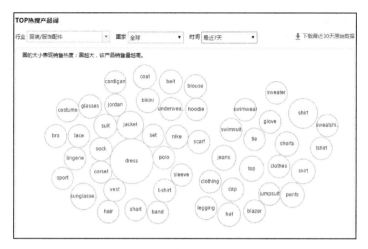

图 2-11

依然单击代表"dress"的圆，进入热搜选项的次级页面——搜索详细分析页面。此页面有 TOP 关联产品和 TOP 热搜属性两个区域，如图 2-12 和图 2-13 所示。

在 TOP 关联产品中，圆的大小代表的意思和热搜选项界面相同，圆之间的连线的粗细代表了买家的同时搜索度，所以其可作为关联产品选品的依据。

在 TOP 热搜属性中，圆的大小代表的意思和热搜选项界面相同，在这里可以展开观察各属性的搜索度，可导出最近 30 天的原始数据做进一步分析。

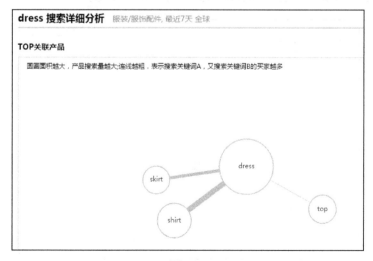

图 2-12

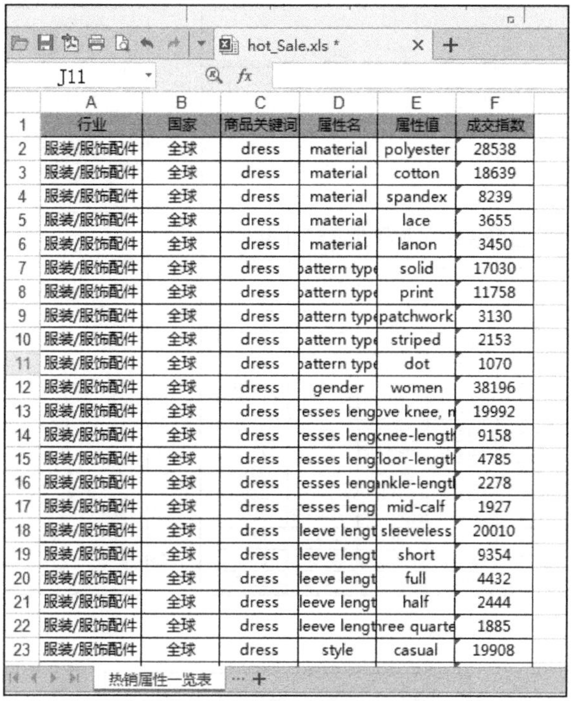

	A	B	C	D	E	F
1	行业	国家	商品关键词	属性名	属性值	成交指数
2	服装/服饰配件	全球	dress	material	polyester	28538
3	服装/服饰配件	全球	dress	material	cotton	18639
4	服装/服饰配件	全球	dress	material	spandex	8239
5	服装/服饰配件	全球	dress	material	lace	3655
6	服装/服饰配件	全球	dress	material	lanon	3450
7	服装/服饰配件	全球	dress	pattern typ	solid	17030
8	服装/服饰配件	全球	dress	pattern typ	print	11758
9	服装/服饰配件	全球	dress	pattern typ	patchwork	3130
10	服装/服饰配件	全球	dress	pattern typ	striped	2153
11	服装/服饰配件	全球	dress	pattern typ	dot	1070
12	服装/服饰配件	全球	dress	gender	women	38196
13	服装/服饰配件	全球	dress	resses leng	ve knee, n	19992
14	服装/服饰配件	全球	dress	resses leng	knee-length	9158
15	服装/服饰配件	全球	dress	resses leng	loor-length	4785
16	服装/服饰配件	全球	dress	resses leng	nkle-lengt	2278
17	服装/服饰配件	全球	dress	resses leng	mid-calf	1927
18	服装/服饰配件	全球	dress	leeve lengt	sleeveless	20010
19	服装/服饰配件	全球	dress	leeve lengt	short	9354
20	服装/服饰配件	全球	dress	leeve lengt	full	4432
21	服装/服饰配件	全球	dress	leeve lengt	half	2444
22	服装/服饰配件	全球	dress	leeve length	ree quarte	1885
23	服装/服饰配件	全球	dress	style	casual	19908

图 2-15

处理数据的步骤很简单，具体如下所示。

（1）全选表格，然后单击“插入”菜单中的“数据透视表”命令，如图 2-16 所示。在弹出的对话框中直接单击“确定”按钮后，工作表的右边出现数据透视表设置栏，如图 2-17 所示。

（2）如图 2-17 所示，将“属性名”“属性值”“成交指数”3 个数据拖到“行区域”内。

（3）然后得到如图 2-18 所示的“dress”类目 30 天热销属性的数据透视表。

（4）下面以图 2-18 中的“color style”为例进行分析。其中成交指数最高的“natural color”要远远高于其他选项，所以在选品时，我们可以知道“natural color”的“dress”在平台最为热销。

图 2-16

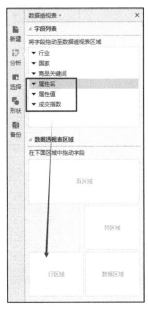

图 2-17

	A	B	C
4	属性名	属性值	成交指数
5	brand name	brand new	2701
6		brand new 汇总	
7		new	743
8		new 汇总	
9		new brand	758
10		new brand 汇总	
11		no	704
12		no 汇总	
13		other	740
14		other 汇总	
15	brand name 汇总		
16	color style	contrast color	4386
17		contrast color 汇总	
18		gradient	542
19		gradient 汇总	
20		natural color	30612
21		natural color 汇总	
22	color style 汇总		
23	decoration	appliques	1184
24		appliques 汇总	
25		hollow out	2505
26		hollow out 汇总	
27		lace	4531
28		lace 汇总	
29		none	22591
30		none 汇总	
31		sashes	1980
32		sashes 汇总	
33	decoration 汇总		

图 2-18

（5）上面的分析不要直接理解为我们应该根据最为热销的属性去选品。成交指数高只表示该属性的产品销量很高，并不代表它是最优选择。或许这里是一片红海，你连展示的机会都没有，所以要理性使用热销属性给我们传达的信息。

2.3.4 潮流趋势概述

选品专家中的潮流趋势选项界面如图 2-19 所示，在这里可以通过行业、品类两个维度来筛选数据，并可按最新和最热两个方式将结果排序。选品专家对此板块的功能介绍为："潮流趋势是平台利用站内外大数据挖掘整合，分析出服装、服饰、鞋包、珠宝、手表等类目的流行趋势，希望推动有一定供应能力和市场敏锐度的卖家，开发系列新款商品快速成长，带动潜力系列产品达到销量增长的目的。因此，具有相关流行元素、特征、描述、关键词、图片的商品，将有机会在速卖通各个分站的流行趋势频道中得以曝光，包括英文站 Fashion Trending、俄文站 Fashion Trending、葡文站 Fashion Trending。所以，可以将潮流趋势当作开发蓝海产品或潜力产品的工具。"

图 2-19

2.3.5 国家差异化分析

国家差异化分析能为我们针对不同国家制定不同的选品策略提供依据。如何用 Excel 处理原始数据以达到我们的目的呢？答案是使用 VLOOKUP 函数。

VLOOKUP 函数是 Excel 中的一个纵向查找函数，即按列查找，最终返回该列所需查询列序所对应的值。

事不宜迟，下面马上开始实际操作。

（1）如图 2-20 所示，在热销选项界面上方选择国家，分别下载俄罗斯、巴西、美国 3 个国家"最近 30 天原始数据"保存成工作表并重命名。打开这 3 个工作表，如图 2-21 所示。其中用 RU 表示俄罗斯，BR 表示巴西，USA 表示美国。

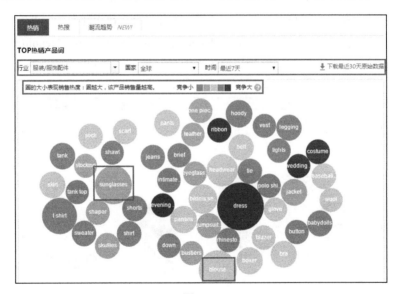

图 2-20

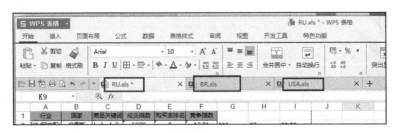

图 2-21

（2）把 RU 工作表作为主工作表，将第一行改成如图 2-22 所示的标题，并将 B 列（"国家"这一列）删除。

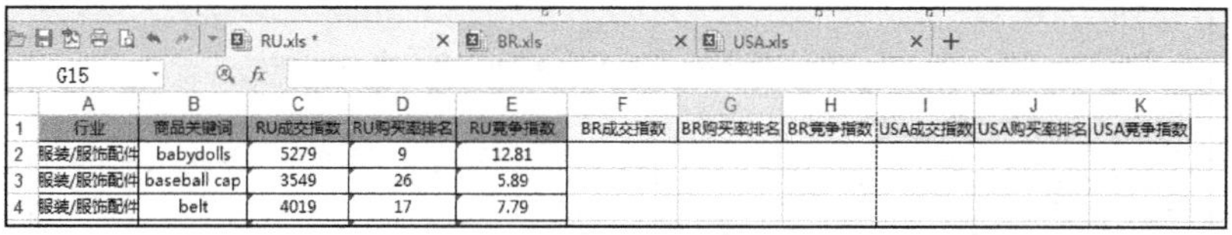

图 2-22

（3）在单元格 F2 中输入"=VLOOKUP"（不包括双引号），会出现如图 2-23 所示的说明文字。

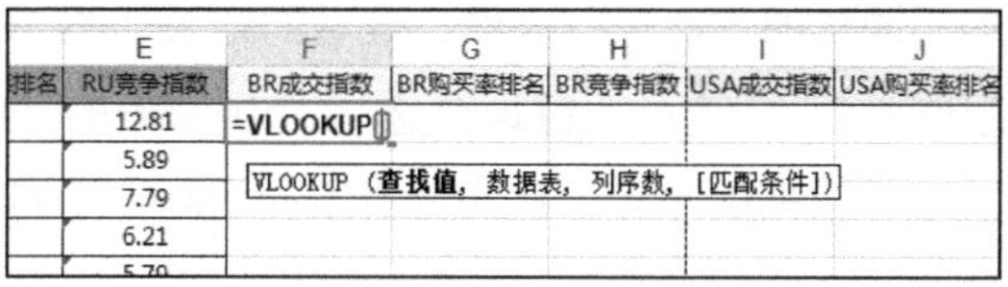

图 2-23

查找值：选择主工作表的 B2 单元格。因为我们需要查找的是巴西的"babydolls"关键词的数据。

数据表：用鼠标选中 BR 工作表中的 C、D、E、F 这 4 列。因为这 4 列包含了匹配关键词和 3 个分析数据。

列序数：输入 2。因为成交指数是我们在 BR 工作表中选定的 C、D、E、F 这 4 列里的第 2 列。

匹配条件：输入"0"，表示精确匹配，假如输入"1"，就代表模糊匹配。

这 4 项数据之间用逗号"，"分隔，最后 F2 单元格内的公式如图 2-24 所示。

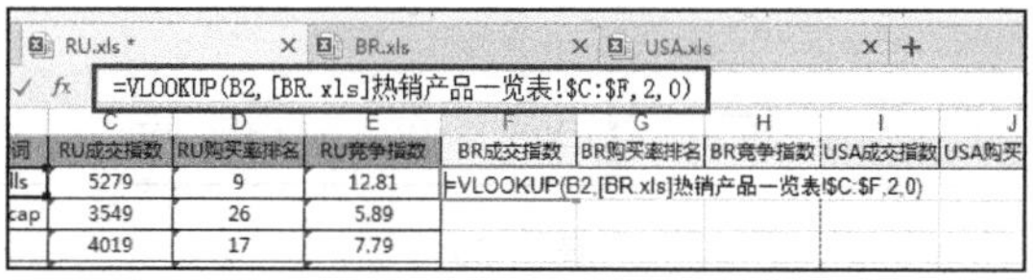

图 2-24

（4）按 Enter 键后得到结果。在 G2 和 H2 单元格中输入的公式内容与 F2 基本相同，只需要把列序数分别改为 3 和 4 即可。然后同时选择单元格 F2、G2、H2，然后

23

把函数扩充到 F、G、H 这 3 列中全部有数据的单元格内，如图 2-25 所示。

RU.xls * | BR.xls | USA.xls

F2 fx =VLOOKUP(B2,[BR.xls]热销产品一览表!$C:$F,2,0)

	A	B	C	D	E	F	G	H	I
1	行业	商品关键词	RU成交指数	RU购买率排名	RU竞争指数	BR成交指数	BR购买率排名	BR竞争指数	USA成交指
2	服装/服饰配件	babydolls	5279	9	12.81	688	27	38.28	
3	服装/服饰配件	baseball cap	3549	26	5.89				
4	服装/服饰配件	belt	4019	17	7.79				
5	服装/服饰配件	bikinis set	17809	3	6.21				
6	服装/服饰配件	blazer	1084	42	5.79				
7	服装/服饰配件	blouse	24760	28	3.63				
8	服装/服饰配件	boxer	5085	5	7.43				
9	服装/服饰配件	bra	9293	8	3.54				

图 2-25

（5）USA 的数据用同样的方法进行操作，最后的结果如图 2-26 所示。通过这个工作表我们可以直接比较同一个商品关键词在这 3 个国家中的“成交指数”“购买率排名”“竞争指数”这 3 个数据的差异，从而分析不同商品在不同国家的情况。

RU.xls * | BR.xls | USA.xls

N19 fx

	A	B	C	D	E	F	G	H	I	J	K
1	行业	商品关键词	RU成交指数	RU购买率排名	RU竞争指数	BR成交指数	BR购买率排名	BR竞争指数	USA成交指数	USA购买率排名	USA竞争指数
2	服装/服饰配件	babydolls	5279	9	12.81	688	27	38.28	1107	37	44.17
3	服装/服饰配件	baseball cap	3549	26	5.89	1703	6	20.26	1639	15	24.57
4	服装/服饰配件	belt	4019	17	7.79	800	28	18.86	2740	4	27.57
5	服装/服饰配件	bikinis set	17809	3	6.21	1560	29	22.92	8671	5	16.75
6	服装/服饰配件	blazer	1084	42	5.79	841	20	9.39	733	27	23.85
7	服装/服饰配件	blouse	24760	28	3.63	17213	34	3.47	7209	35	20.54
8	服装/服饰配件	boxer	5085	5	7.43	5564	1	19.16	1148	21	24.7
9	服装/服饰配件	bra	9293	8	3.54	976	19	16.06	1763	11	25.75
10	服装/服饰配件	brief	1515	22	5.31	350	26	16.79	670	34	15.55
11	服装/服饰配件	costume	1305	39	11.5	184	49	26.35	280	50	30.3
12	服装/服饰配件	cover-ups	953	35	4.95	#N/A	#N/A	#N/A	819	39	9.9
13	服装/服饰配件	down	819	44	11.77	302	46	19.06	#N/A	#N/A	#N/A
14	服装/服饰配件	dress	45045	15	10.45	11099	38	13.01	17974	10	51.52
15	服装/服饰配件	eyeglass frame	573	41	7.58	983	15	9.21	398	29	23.54
16	服装/服饰配件	fedoras	484	50	1.58	213	31	6.4	#N/A	#N/A	#N/A
17	服装/服饰配件	glove	845	33	9.76	469	33	14.27	#N/A	#N/A	#N/A
18	服装/服饰配件	headwear	23603	4	5.65	3167	11	19.96	5731	7	36.78
19	服装/服饰配件	hoody	6154	10	9.34	1636	12	23.32	1017	41	35.11
20	服装/服饰配件	imate accesso	2095	20	1.44	480	8	4.62	276	25	12.38
21	服装/服饰配件	jacket	3159	29	7.28	1872	16	12.82	1745	8	30.75
22	服装/服饰配件	jeans	2921	27	6.74	398	30	24.73	1043	32	24.33
23	服装/服饰配件	jumpsuits	2823	19	6.77	991	5	15.45	3943	1	18.64
24	服装/服饰配件	legging	3208	24	8.53	696	21	35.72	1575	28	40.85
25	服装/服饰配件	lingerie set	957	25	10.46	#N/A	#N/A	#N/A	#N/A	#N/A	#N/A
26	服装/服饰配件	nightgown	1467	30	2.47	191	24	12.89	302	30	20.46
27	服装/服饰配件	one piece	2249	31	4.33	#N/A	#N/A	#N/A	1850	19	11.56
28	服装/服饰配件	pajamas set	614	46	4.87	#N/A	#N/A	#N/A	#N/A	#N/A	#N/A
29	服装/服饰配件	panties	12563	1	6.98	1260	14	25.36	1463	26	35.64
30	服装/服饰配件	pants	5051	21	6.77	1066	22	19.4	2607	23	22.0
31	服装/服饰配件	polo shirt	1767	32	1.55	1137	13	3.59	987	16	8.3
32	服装/服饰配件	robe	647	36	2.38	#N/A	#N/A	#N/A	#N/A	#N/A	#N/A

图 2-26

（6）授之以鱼，不如授之以渔。这里介绍的使用 VLOOKUP 函数分析热销数据只是抛砖引玉，读者完全可以尝试运用其他函数进行数据分析，或者把 VLOOKUP 函数运用在分析其他原始数据上。

2.4　前台分析选品

为什么会有前台分析选品这一概念？因为速卖通里有众多的卖家，未必每一位卖家都能自如地理解和运用量化的数据分析手段。所以前台分析的作用在于为卖家提供一个简单易用的手段，可以让我们直观地感受部分简单的数据，同时也能达到选品的作用。

2.4.1　挖掘热销飙升产品

店铺的管理和操作设置在后台，而前台自然就代表向买家展示的产品页面了。如何分析产品页面呢？为什么需要通过前台分析进行选品？能够轻易地在前台展示的产品与卖家，都可以认为是得到了平台的"认可"。而这个"认可"不仅代表平台的规则，也代表平台的市场导向，所以能在前台展示的产品一般就是我们经营的"标准模板"。

如何通过前台挖掘热销飙升产品？

如图 2-27 的左部分所示，在搜索页面看到有上升箭头标记的产品为平台标记的飙升产品，单击此箭头可进入图 2-27 中右边部分页面，其中"RISING STAR BUYS"展示分类中为飙升的产品。这个页面能给我们带来多少信息？

图 2-27

跟卖，这是无法避而不谈的问题，在此页面中，我们可以直接找到适合的款式进行跟卖。因为商品的爆发性=orders/feedback"，那么 "orders" 和 "feedback" 在哪里呢？如图 2-27 所示，其实在每个产品的价格下方就能看到该产品当前 orders 和 feedback 的数量。当 feedback=0 时，我们定义 feedback=1，因为分母不能为 0。

"爆发性"的原理非常简单，orders 必须在送达后才有可能得到 feedback，假定平均送达时间为 25 天，如果某产品展示的是 feedback=1，orders =250，说明最近一个月产品从零笔订单开始销售了 250 笔订单，增长速度非常快，可以考虑跟卖，需要注意的是不能侵权、盗图。

2.4.2 挖掘优质店铺主力产品

进入 "RISING STAR BUYS" 分类，在页面上方可以选择类目关键词。在选择完类目关键词后，无须计算产品的爆发性，直接通过此页面就可以开始优质产品的 "打造计划" 了。

以图 2-28 为例，这 6 个产品中有 5 个以印花作为装饰，有 4 个是宽松的版型，有 6 个是圆领，有 3 个是小蝙蝠袖，有两个是多 SKU。虽然我们无法用工具收集前台这些优秀产品的属性，但这些依然属于选品的数据性手段。综合这些优秀属性，我们可以 "捏造" 出优秀的新品。

图 2-28

2.4.3　前台探索活动款潮流风向

参加平台的活动，能够得到较好的展示位置，得到大量的曝光。这种"白送"的流量，没有人不想要。而选择参加活动的款式一直是让卖家们头痛的问题。要价格低，款式新？为什么小二就是不选我的产品？既然想知道什么样的产品能参加活动，就要去前台一探究竟。

如图 2-29 所示为速卖通平台 Super Deals 的活动页面，相信大部分卖家都知道报名参加平台活动的产品会先通过系统筛选，所以产品必须符合活动的硬性条件这里不做讨论了。当你的产品通过机器筛选之后，就会来到小二面前。小二们尽管有一套挑选产品的标准，但他们毕竟不是机器，他们一定会存在主观意识，所以在前台，我们可以发现本行业小二对参加活动的产品的一些喜恶。

其次，在前台我们同样能观察活动效果优秀的产品，其中它们的销量、折后价、产品属性都是我们综合考虑的因素。

图 2-29

2.5　商品分析

2.5.1　商品分析介绍

　　商品分析是根据各项指标，找出商品的优点和缺点，用于指导店铺运营，解决问题，优化效果。商品分析界面如图 2-30 所示，其中有两大板块，即商品效果排行与商品来源分析。其中所包含的内容非常全面，并且大部分都有量化的数据可用于分析。下面把商品分析里所包含的指标和概念先阐述一遍。

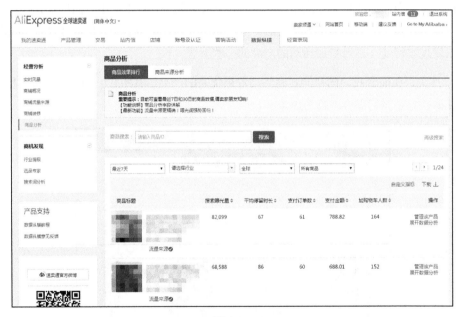

图 2-30

1．指标详细解释

搜索曝光量：在搜索或者类目浏览下的曝光次数。

商品页浏览量：该商品被买家浏览的次数。

商品页访客数：浏览过该商品的买家数。

搜索点击率：商品在搜索或者类目曝光后被点击的比率，其等于浏览量/曝光量。

访客数：访问该商品的买家总数。

成交订单数：该商品在选定时间范围内支付成功的订单数-选定时间范围内风控系统关闭的订单数。

成交买家数：该商品在选定时间范围有过成功交易的买家数。

成交金额：该商品在选定时间范围内产生的交易额。

询盘次数：买家通过该商品单击旺旺与站内信的次数。

成交转化率：该商品有过成功交易的买家数占访问买家总数的比率，其等于成交买家数/访客数。

平均停留时间：买家访问该产品所有 detail 页面的平均停留时间。

添加购物车次数：该商品被买家添加到购物车的次数。

添加收藏次数：该商品被买家收藏的次数。

No-Pay 比率：该商品在选定时间范围内未成功支付的订单/创建成功的订单。

2.　商品来源分析名词解释

（1）流量来源的各个渠道

站内流量：速卖通网站内部流量。

站内搜索：在速卖通网站通过关键词搜索带来的流量。

类目浏览：在速卖通网站通过网站的类目浏览带来的流量。

活动：通过速卖通网站所有活动页面带来的流量。

购物车：通过单击速卖通网站的购物车带来的流量。

收藏夹：通过速卖通网站收藏夹带来的流量。

直接访问：通过直接访问产品带来的流量。

站内其他：通过速卖通网站除上面几个渠道外其他站内链接带来的流量。

站外流量：通过非速卖通网站带来的流量。

（2）流量去向

到下单页面：该来源的用户访问当前页之后，单击了该页中的"立刻购买"按钮。

到购物车：该来源的用户访问当前页之后，跳转到"购物车"页面。

到收藏夹：该来源的用户访问当前页之后，跳转到"wish list"页面。

到本店其他商品页：该来源的用户访问当前页之后，单击本店其他产品页面。

到本店其他页面：该来源的用户访问当前页之后，单击了该页面中的链接，进入到本店其他页面。

退出本店：该来源的用户访问当前页之后，未单击该页面中的任何链接（例如关闭该页、刷新该页），或者单击了该宝贝页中的店外链接而离开店铺。

2.5.2 透视店铺的流量"黑洞"

什么是店铺的流量"黑洞"？

从物理学的角度看，黑洞就是中心是一个密度无限大、时空曲率无限高、体积无限小的奇点和周围是一部分看不到的天区。而它将吞噬邻近区域的所有光线和任何物质。

而店铺的流量"黑洞"就是指吸收了大量流量，却没有转化成营业额的产品，我们应该从哪些维度去分析并找出这样的产品呢？

（1）如图 2-31 所示，选择最近 7 天的商品数据，将"搜索曝光量"降序排列后，下载商品的分析数据。下面把导出的原始表格中的数据做一些取舍，得到如图 2-32 所示的表格。把表格中的数据转换成数字格式，再将"搜索曝光量"降序排列。

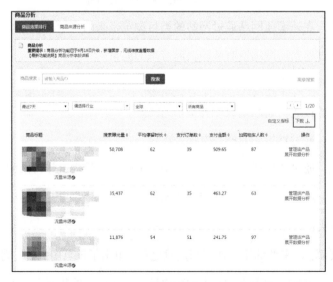

图 2-31

	A	B	C	D	E	F	G	H	I	J	K	L	M	N	O	P	Q
1	商品ID	商品标题	搜索曝光量	商品页浏览	商品页访客数	-下单转化	搜索点击率	平均停留时	加购物车次	加购物车人数	加收藏夹次	加收藏夹人数	下单买家数	下单订单数	支付买家数	支付订单数	支付金额
2	##########	ss Shirt	275,672	13,651	8,867	3.72%	2.83%	68	1,381	621	192	178	330	363	234	242	3,775.09
3	##########	ets Men	240,831	9,848	6,367	4.57%	2.05%	78	763	482	118	113	291	325	200	206	2,773.88
4	##########	's Socks	119,423	9,779	5,566	7.22%	2.80%	54	1,912	695	188	175	402	469	325	359	1,643.38
5	##########	n shorts	81,756	2,350	1,712	1.75%	1.07%	44	150	93	36	31	30	34	22	23	261.03
6	##########	ore tshirt	80,979	1,432	1,078	1.11%	0.80%	53	54	32	7	6	12	14	10	10	123.55
7	##########	er Tshirt	7,005	350	256	0.78%	1.51%	63	19	10	1	1	2	2	2	2	16.06
8	##########	rt sleeve	6,628	225	154	3.90%	1.38%	63	22	13	0	0	6	7	5	6	140.27
9	##########	asculino	5,516	166	108	0.93%	1.41%	55	7	2	0	0	1	1	0	0	0
10	##########	Shipping	5,251	217	164	0.61%	1.92%	50	10	6	5	5	1	1	1	1	37.38
11	##########	orts surf	5,100	134	106	2.83%	1.42%	61	13	7	2	2	3	3	3	3	35.67
12	##########	olo shirts	3,938	120	96	0.00%	1.47%	38	2	1	2	2	0	0	0	0	0
13	##########	age Shirt	3,868	88	72	2.78%	1.28%	28	5	4	3	3	2	2	2	2	57.15
14	##########	hirt Men	3,612	110	87	2.30%	1.74%	42	8	7	1	1	2	2	1	1	11.46
15	##########	hoodies	3,594	99	78	0.00%	0.40%	59	1	1	0	0	0	0	0	0	0
16	##########	Quality	3,110	68	53	0.00%	0.88%	21	1	1	0	0	0	0	0	0	0
17	##########	shipping	3,003	62	44	2.27%	1.22%	36	5	4	3	2	1	1	1	1	32.2
18	##########	es Tshirt	2,948	182	145	2.07%	1.94%	31	3	2	0	0	3	3	3	3	42.21
19	##########	ket Slim	2,827	64	49	0.00%	1.03%	25	4	3	2	2	0	0	0	0	0
20	##########	e M~XXL	2,126	118	83	0.00%	3.28%	60	4	4	0	0	0	0	0	0	0
21	##########	dies men	1,966	55	42	0.00%	0.96%	26	2	1	2	2	0	0	0	0	0
22	##########	ts Swim	1,936	79	52	1.92%	1.23%	25	4	1	2	2	1	1	1	1	50
23	##########	otorcycle	1,904	102	68	0.00%	1.77%	52	3	2	3	3	0	0	0	0	0
24	##########	ar Blazer	1,807	49	33	0.00%	1.68%	48	1	1	0	0	0	0	0	0	0
25	##########	holesale	1,793	88	64	1.56%	2.44%	30	2	2	2	2	1	1	1	1	13.27
26	##########	All Size	1,647	63	56	8.93%	2.15%	55	11	6	0	0	5	5	5	5	29.09
27	##########	ner tshirt	1,647	46	32	9.38%	1.14%	56	7	4	0	0	3	3	3	3	37.62
28	##########	Shipping	1,589	59	53	0.00%	0.21%	35	0	0	0	0	0	0	0	0	0
29	##########	s Blazer	1,327	42	37	0.00%	2.47%	50	1	1	0	0	0	0	0	0	0
30	##########	olo shirts	1,238	31	22	0.00%	1.24%	58	1	0	1	1	0	0	0	0	0
31	##########	w arrived	1,236	45	37	2.70%	1.18%	46	3	3	0	0	1	1	1	1	11.89
32	##########	s jacket	1,204	29	26	0.00%	0.73%	26	0	0	1	1	0	0	0	0	0
33	##########	it Shirts	1,118	60	39	2.56%	1.03%	70	9	5	0	0	1	1	1	1	34.86

图 2-32

（2）然后在 R 列的第 1 行输入“营业效率”并且定义“营业效率=支付金额/搜索曝光量”，也就是营业效率为平均搜索曝光产生的营业额。故在 R2 单元格内输入“=Q2/C2”。将函数填充到整列单元格中，再把 R 列的单元格格式设置成两位小数的百分比数字格式，最后将 R 列降序排序得到如图 2-33 所示的结果。

1	商品ID	商品标题	搜索曝光量	商品页浏览	商品页访客数	-下单转化	搜索点击率	平均停留时	加购物车次	加购物车人数	加收藏夹次	加收藏夹人数	下单买家数	下单订单数	支付买家数	支付订单数	支付金额	营业效率
2	##########	All Size	52	23	16	6.25%	2.70%	110	0	0	0	0	1	1	1	1	6.1	11.73%
3	##########	g T Shirt	169	15	11	9.09%	1.34%	18	1	1	0	0	1	1	1	1	11.99	7.09%
4	##########	asculina	322	19	13	7.69%	3.25%	28	1	1	0	0	1	1	1	1	17.72	5.50%
5	##########	ndershirt	472	21	19	10.53%	2.24%	26	5	4	1	1	2	2	2	2	21.98	4.66%
6	##########	Shipping	425	80	57	1.75%	0.25%	49	6	3	0	0	1	1	1	1	17.83	4.20%
7	##########	's Socks	979	70	59	5.08%	0.71%	47	6	2	3	3	3	3	3	3	31.86	3.25%
8	##########	it Shirts	1,118	60	39	2.56%	1.03%	70	9	5	0	0	1	1	1	1	34.86	3.12%
9	##########	ts Swim	1,936	79	52	1.92%	1.23%	25	4	1	2	2	1	1	1	1	50	2.58%
10	##########	amisetas	709	26	15	6.67%	1.24%	35	1	1	1	1	1	1	1	1	17.31	2.44%
11	##########	ner tshirt	1,647	46	32	9.38%	1.14%	56	7	4	0	0	3	3	3	3	37.62	2.28%
12	##########	rt sleeve	6,628	225	154	3.90%	1.38%	63	22	13	0	0	6	7	5	6	140.27	2.12%
13	##########	ew 2015	564	34	25	4.00%	1.80%	57	0	0	0	0	1	1	1	1	11.49	2.04%
14	##########	All Size	1,647	63	56	8.93%	2.15%	55	11	6	0	0	5	5	5	5	29.09	1.77%
15	##########	d Quality	522	28	22	4.55%	3.08%	35	0	0	0	0	1	1	1	1	8.28	1.59%
16	##########	age Shirt	3,868	88	72	2.78%	1.28%	28	5	4	3	3	2	2	2	2	57.15	1.48%
17	##########	es Tshirt	2,948	182	145	2.07%	1.94%	31	3	2	0	0	3	3	3	3	42.21	1.43%
18	##########	's Socks	119,423	9,779	5,566	7.22%	2.80%	54	1,912	695	188	175	402	469	325	359	1,643.38	1.38%
19	##########	ss Shirt	275,672	13,651	8,867	3.72%	2.83%	68	1,381	621	192	178	330	363	234	242	3,775.09	1.37%
20	##########	ets Men	240,831	9,848	6,367	4.57%	2.05%	78	763	482	118	113	291	325	200	206	2,773.88	1.15%
21	##########	shipping	3,003	62	44	2.27%	1.22%	36	5	4	3	2	1	1	1	1	32.2	1.07%
22	##########	w arrived	1,236	45	37	2.70%	1.18%	46	3	3	0	0	1	1	1	1	11.89	0.96%
23	##########	holesale	1,793	88	64	1.56%	2.44%	30	2	2	2	2	1	1	1	1	13.27	0.74%
24	##########	Shipping	5,251	217	164	0.61%	1.92%	50	10	6	5	5	1	1	1	1	37.38	0.71%
25	##########	orts surf	5,100	134	106	2.83%	1.42%	61	13	7	2	2	3	3	3	3	35.67	0.70%
26	##########	n shorts	81,756	2,350	1,712	1.75%	1.07%	44	150	93	36	31	30	34	22	23	261.03	0.32%
27	##########	hirt Men	3,612	110	87	2.30%	1.74%	42	8	7	1	1	2	2	1	1	11.46	0.32%
28	##########	er Tshirt	7,005	350	256	0.78%	1.51%	63	19	10	1	1	2	2	2	2	16.06	0.23%
29	##########	ore tshirt	80,979	1,432	1,078	1.11%	0.80%	53	54	32	7	6	12	14	10	10	123.55	0.15%
30	##########	asculino	5,516	166	108	0.93%	1.41%	55	7	2	0	0	1	1	0	0	0	0.00%
31	##########	olo shirts	3,938	120	96	0.00%	1.47%	38	2	1	2	2	0	0	0	0	0	0.00%

图 2-33

（3）将营业效率低于 1%的产品所在的单元格填充为黄色，然后抽样分析（1%为参考值，非标准值）。其中：

29 号产品：曝光量超高，转化率不低，但点击率偏低导致营业效率稍差。其有 81000 次曝光和 1078 个访客。相比 24 号产品，其只需要 5200 次曝光就能获得 164

个访客且产出 37 美元的营业额，29 号产品的营业效率实在低效不少，所以即使拥有超高曝光量也只能排在第 29 位。

24 号产品：曝光量高，点击率高，转化率低。与 12 号产品相比，同是具有 5000~6000 数量级的曝光量，两者的访客数分别为 164 和 154 个，旗鼓相当，而它们的转化率分别为 0.61% 和 3.9%，这让两个具有同样曝光量的产品的营业额差异如此之大。

（4）那么对于店铺的流量黑洞，我们应该怎么着手优化呢？首先要确立一个基本概念。由于：

$$营业额=曝光量×点击率×转化率×单价$$

$$营业效率=营业额/曝光量$$

结合上述二式可得：

$$营业效率=点击率×转化率×单价$$

（5）要消除黑洞，就要从点击率、转化率、单价这 3 个因素进行优化。要通过优化影响它们的因素来间接优化它们。请谨记，要多从买家的角度思考逻辑关系。

点击率：流量精准度、价格、主图、动态评分、订单量等。

转化率：流量精准度、价格、详情页、评价等。

价格：搜索位置附近竞品价格、物流成本、利润空间设定、产品成本等。

通过以上的介绍，相信读者也能总结出分析流量的思路了。

2.5.3　预测店铺的"超新星爆发"

什么是店铺的"超新星爆发"？

超新星爆发是恒星在演化接近末期时经历的一种剧烈爆炸，可持续几周至几个月才会逐渐衰为不可见。在这段期间内，一颗超新星所辐射的能量非常巨大。

而店铺的"超新星爆发"就是指经过了足够的时间积累后某个产品即将爆发的过程。持续的爆发将会为店铺带来巨大的营业额。

（1）同 2.5.2 节中分析店铺的流量"黑洞"的第一步操作。

（2）然后在 R 列第 1 行中输入"转化效率"并且定义"转化效率=点击率×转化

率×100”，也就是说曝光量对应订单的转化系数，乘以 100 是为了让数据更趋近常用数值。故而在 R2 单元格中输入“=F2*G2*100”。将公式填充到整列单元格中，再把 R 列的单元格格式设置成两位小数的百分比数字格式，最后将 R 列降序排序得到如图 2-34 所示结果。

商品ID	商品标题	搜索曝光量	商品浏览量	商品页访客数	下单转化率	搜索点击率	平均停留时间	加购物车次数	加购物车人数	加收藏夹人数	下单买家数	下单笔数	支付买家数	支付笔数	支付件数	支付金额	转化效率
#########	For Men	94	12	12	8.33%	7.23%	28	4	3		1	1	1	1			60.23%
#########	clothing	110	22	19	5.26%	7.22%	70	1			1	1	1	1			37.98%
#########	asculina	322	19	13	7.69%	3.25%	28	1		1	1	1	1	1		17.72	24.99%
#########	ndershirt	472	21	19	10.53%	2.24%	26	5	4	1	2	2	2	2		21.98	23.59%
#########	's Socks	119,423	9,779	5,566	7.22%	2.80%	54	1,912	695	188	175	402	469	325	359	1,643.38	20.22%
#########	All Size	1,647	63	56	8.93%	2.15%	55	11	6		5	5	5	5		29.09	19.20%
#########	All Size	52	23	16	6.25%	2.70%	110	0	0		1	1	1	1		6.1	16.88%
#########	Quality	522	28	22	4.55%	3.06%	35	0	0		1	1	1	1		8.28	14.01%
#########	on Solid	665	29	23	4.35%	2.94%	68	1	1		1	1	1	1		11.99	12.79%
#########	g T Shirt	169	15	11	9.09%	1.34%	18	1	1		1	1	1	1			12.18%
#########	er shirt	1,647	46	32	9.38%	1.14%	56	7	4	0	3	3	3	3		37.62	10.69%
#########	ss Shirt	275,672	13,651	8,867	3.72%	2.83%	68	1,381	621	192	178	330	363	234	242	3,775.09	10.53%
#########	ets Men	240,831	9,848	6,367	4.57%	2.05%	78	763	482	118	113	291	325	200	206	2,773.98	9.37%
#########	msetas	709	26	13	6.67%	1.24%	35	1	1		1	1	1	1		17.31	8.27%
#########	2015	564	34	21	4.40%	1.80%	57	0	0		1	1	1	1		10.27	7.12%
#########	rt sleeve	6,628	225	154	3.90%	1.38%	63	22	13	0	6	7	5	6		140.27	5.38%
#########	orts surf	5,100	134	106	2.83%	1.42%	61	13	7	2	3	3	3	3		35.67	4.02%
#########	ss Tshirt	2,948	182	145	2.07%	1.94%	31	3	2	0	3	3	3	3		42.21	4.02%
#########	hirt Men	3,612	110	87	2.30%	1.74%	42	8	7	1	2	2	2	2		11.46	4.00%
#########	holesale	1,793	88	64	1.56%	2.44%	30	2	2	1	2	1	1	1		13.27	3.81%
#########	's Socks	979	70	59	5.08%	0.71%	47	6	2	3	3	3	3	3		31.86	3.61%
#########	ge Shirt	3,868	88	77	1.28%	1.28%	26	3	2	2	1	1	1	2		57.15	3.61%
#########	arrived	1,236	45	37	2.70%	1.18%	46	3	4	0	1	1	1	1		11.89	3.19%
#########	shipping	3,003	62	44	2.27%	1.22%	36	5	4	2	1	1	1	1		32.2	2.77%
#########	# Shirts	1,118	60	39	2.56%	1.03%	70	9	5		1	1	1	1		34.86	2.64%
#########	ts Swim	1,936	79	52	1.92%	1.23%	25	4	1		1	1	1	1		50	2.36%
#########	n shorts	81,756	2,350	1,712	1.75%	1.07%	44	150	93	36	31	30	34	22	23	261.03	1.87%
#########	asculina	5,516	166	108	0.93%	1.41%	55	7	2	0	1	1	0	0			1.31%
#########	Shipping	189	66	44	2.27%	0.56%	80	2	1		1	1	2	2		16.06	1.18%
#########	er Tshirt	7,005	350	256	0.78%	1.51%	63	19	10	1	1	2	2	2		37.38	1.18%
#########	Shipping	5,251	217	164	0.61%	1.92%	50	10	6	5	5	1	1	1		14.49	1.17%
#########	re tshirt	80,979	1,432	1,078	1.11%	0.80%	53	54	32	7	6	12	14	10	10	123.55	0.89%
#########	Shipping	425	80	57	1.75%	0.25%	49	6	3	0	1	1	1	1		17.83	0.44%
#########	lo shirts	3,938	120	16	0.00%	1.47%	38	1	2	2	0	0	0	0			0.00%

图 2-34

（3）将营业效率低于 5%的产品所在的单元格填充为黄色，然后抽样分析（5 为参考值，非标准值），其中：

33 号产品：高曝光量，访客数少，点击率实在惨不忍睹，需要优先解决才行。

32 号产品：点击率尚可，转化率不忍直视，访客数尚可。回到产品分析页面用它的产品进行搜索。如图 2-35 所示为该产品的流量来源去向图。如图 2-36 所示是该产品的流量来源趋势图与访客分布。

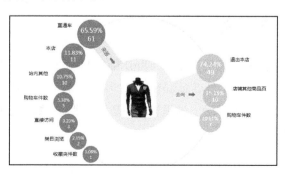

图 2-35

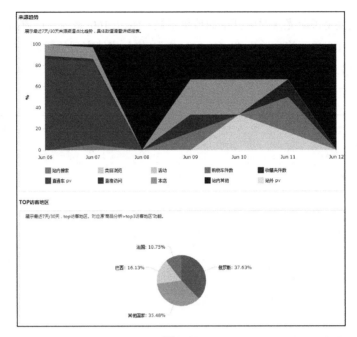

图 2-36

（4）要根据主要访客所在的地区先分析产品是否投入到了错误的市场，再分析直通车主要推广的关键词是否精准等，从而提升点击率。

（5）引导顾客将商品加入购物车与收藏，精修详情页，举行产品打折活动，积累评价与销量，从而提升商品的成交转化率。

以上是并不复杂的两个小例子，希望读者能学会、思考并衍生出更多的分析方法。只有多实践，才能积累经验和技巧。

2.6　直通车使用技巧

直通车是最直接、最常用的产品推广和引流工具，而它自带的选品工具却时常被大家所忽略。直通车的选品工具界面如图 2-37 所示，在右上方的列表项设置里有两个比较重要的概念。如图 2-38 所示，这里显示的是类目供需指数、竞争力。下面先把里面列出的功能介绍一下。

图 2-37

1. 筛选工具

选择"不限"选项，可以查看不涉及推荐理由筛选的所有商品数据。

选择"热搜"选项，可以查看在店铺中与买家热搜商品属性相符的类似商品，其属于潜在热搜商品。

选择"热销"选项，可以查看在店铺中与网站热销商品属性相符的近似商品，其属于潜在热销商品。

选择"潜力品"选项，可以查看店铺中自身订单、转化率等各项数据的综合表现较好，有投放潜力的商品。

符合热搜、热销、有潜力的商品建议加入重点推广计划中并重点关注。

2. 效果排行属性

类目供需指数：将买家的搜索次数与类目的商品总数做数据计算得出的结果，间接反映类目供需程度。柱状图越长，代表类目供少于求，即商机越大；反之，竞争越激烈。

竞争力：以商品定价为主要要素，将自身商品定价及其他要素与同类目商品做比较。柱状图越长，代表商品在同类商品中的竞争力越大，越容易被买家点击或购买。

转化指数：综合了点击率、收藏率、加入购物车比率以及订单转化率的参数，转化指数越大，点击率和转化率越高，最大值为 1。

对综合选品分析不敏感的卖家可以直接使用选品工具的筛选功能选出热搜款、热销款和潜力款产品，并且能对它们的潜力推荐值、类目供需指数、竞争力和转化指数进行直观的比较。

图 2-38

2.7 站内工具组合拳

2.7.1 店铺产品结构设计

如何将店铺的产品结构设计得更人性化，更科学，从而达到效益最大化？首先我们要有产品的分类意识，产品具体可分为引流款、利润款、活动款、潜力款、沉睡款5个类型。

引流款产品：有希望到达重点关键词搜索结果第一页，获取大量曝光，转化大量订单，利润偏低的产品。

利润款产品：有希望进入重点关键词搜索结果前十页，获取不错的曝光，转化一定数量的订单，利润可观的产品。

活动款产品：会参加各种平台活动，获取额外的自然曝光，转化率和利润尚可，后期转型的产品。

潜力款产品：通过全面的自然手段引流，缓慢积累销量与评价，利润可观，后期转型的产品。

沉睡款产品：基本不分配资源，采用"放养式"积累销量，通过表现决定将其淘汰或转型的产品。

那么这5个类型的产品该如何分配比例？

可以使用"4-4-2"阵型。

"4-4-2"可以说是进攻和防守最平衡的阵型。此阵型最中庸,但也可以发挥无穷的潜力。

其中:

引流款是代表前锋的 2,直接与对手拼杀,跟第一页里的重点词一样。产品需要具备的条件是性价比高、集热门属性于一身、供应稳定。20%的引流款能给店铺带来稳定的赢利,可二次利用的流量多,能为打造一个稳定的店铺奠定重要基础,而且管理产品方便;缺点是利润低,工作量大。

利润款和活动款是中场的 4,它们必须攻守兼备(能降低利润转型为爆款),又能防止对手突破中段防线(设置成关联产品,防止流量直接流失形成二次利用)。店铺中分配 40%的利润款、活动款和引流款能与 20%的引流款达到较完美的利润平衡和流量互补作用。

潜力款和沉睡款作为后卫的 4,它们的任务比较简单,就是捡漏。"大哥们"漏掉的买家,它们要尽可能地拦截,能够表现出强劲能力的,可以逐渐往中场转型。40%的潜力款和沉睡款看似有点多,实际上大部分买家对这两类产品有一些误解,放养不代表不喂食,不训练,对它们保持优化是每日的必备工作。

综上所述,可以发现采用这个结构的店铺,曝光量稳定,引流款不单一,不会因一个引流款的死亡而导致店铺产生危机。有足够比例的二次产品作为引流款的后备军,又能产出更高的利润,平衡店铺的整体赢利。适量地储备产品作为日常工作,可以为店铺积累和收集零星的订单,也可以从中挑选部分优秀产品转型。

2.7.2 高效化选品配合店铺发展规划

要做到高效化选品,将产品分类是先决条件,因为产品的类别往往决定了环境与效果。下面以男装类目为例介绍如何通过高效选品配合店铺发展规划。

(1)首先分析搜索词,导出男装类目最近 30 天在全球的搜索词,如图 2-39 所示。

处理顺序:首先将所有数据格式转换为数字格式;然后通过筛选去掉转化率为零的数据;接着加入一列"订单指数",将其公式设为"=搜索指数×点击率×成交转化率",

并设置整列单元格格式为两位小数数值;最后将订单指数降序排序得到如图 2-40 所示的结果。

图 2-39

图 2-40

引流款产品最需要大的订单量，所以可以订单指数为标准，高的搜索词相关产品适合作为引流款。

（2）下面分析地区的消费能力，如图 2-41 所示。

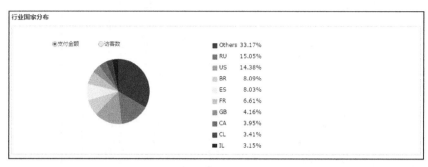

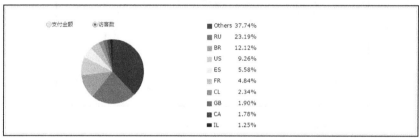

图 2-41

由购买力=支付金额/访客数可得，北美和西欧的买家的购买力更高，选择国家 US 与 ES 后再做单个国家的搜索词分析。如图 2-42 所示是将国家 US 的转化率降序排序所得的结果。

利润款产品需要最大化产品的转化率和利润，所以要针对消费力强和转化率高的地区进行推广。最后我们可以按搜索词的转化率降序排序，再观察对应的订单指数来筛选利润款产品。

（3）活动款产品可以分为预备引流款产品和预备利润款产品两类。

预备引流款产品需要具备引流款产品的基本性质，额外还需要具备创新差异性。

预备利润款产品需要具备利润款产品的基本性质，额外还需要具备高性价比。

	A	B	C	D	E	F	G	H	I
1	NO.	搜索词	是否品牌词	搜索人气	搜索指数	点击率	成交转化率	订单指数	竞争指数
2	67	veed sock:	N	4,591	10,896	78.91%	10.48%	901.07	10
3	350	underwear	N	796	3,159	66.75%	6.89%	145.28	55
4	441	weater me	N	1,051	2,702	54.92%	4.99%	74.05	40
5	218	christian u	N	1,189	4,667	60.89%	4.44%	126.17	41
6	76	drew christ	N	1,944	9,855	52.33%	3.81%	196.49	53
7	492	d future so	N	1,009	2,449	69.88%	3.67%	62.81	15
8	192	nisa mascu	N	1,681	5,267	54.86%	3.43%	99.11	44
9	101	tance sock	N	2,539	8,308	73.68%	3.37%	206.29	16
10	40	derwear m	N	3,193	15,095	53.65%	3.35%	271.30	56
11	143	nens sock	N	1,850	6,706	58.28%	3.27%	127.80	38
12	306	rdan jogge	N	1,617	3,560	69.41%	3.27%	80.80	13
13	138	polo shirt l	N	1,816	6,820	62.68%	2.93%	125.25	44
14	224	ordan shirt	N	1,669	4,629	73.90%	2.93%	100.23	24
15	14	men shirt	N	6,645	28,348	58.04%	2.89%	475.50	43
16	110	underwear	N	2,672	7,896	53.54%	2.68%	113.30	33
17	493	inen pants	N	1,099	2,441	28.53%	2.61%	18.18	15
18	34	en underwe	N	3,027	15,729	52.29%	2.59%	213.02	60
19	295	huff socks	N	1,903	3,628	69.98%	2.59%	65.76	2
20	87	underwear	N	3,170	8,938	46.00%	2.58%	106.08	27
21	61	ns underw	N	2,242	11,689	56.30%	2.47%	162.55	65
22	464	exy underv	N	532	2,596	80.81%	2.45%	51.40	79
23	169	t-shirt mer	N	1,118	5,941	53.90%	2.41%	77.17	67
24	230	men boxer	N	2,291	4,527	42.98%	2.41%	46.89	17
25	300	boardshort	N	856	3,613	67.88%	2.39%	58.61	52
26	135	jockstrap	N	1,557	6,889	56.20%	2.36%	91.37	48
27	24	tank top	N	6,935	19,333	25.74%	2.33%	115.95	15
28	398	men unde	N	774	2,898	54.59%	2.33%	36.86	54
29	106	boxers	N	2,144	8,002	58.22%	2.32%	108.08	39
30	83	pression :	N	2,713	9,194	67.30%	2.31%	142.93	26
31	217	gym	N	1,876	4,671	46.17%	2.18%	47.01	29
32	155	gymshark	N	2,098	6,405	68.12%	2.12%	92.50	20
33	58	gym shark	N	4,398	11,865	60.65%	2.11%	151.84	14
34	308	nisas hom	N	867	3,553	54.97%	2.11%	41.21	100
35	19	men jeans	N	11,122	23,194	55.65%	2.04%	263.31	12
36	64	hens short	N	2,876	10,992	57.52%	2.04%	128.98	43
37	251	polo shirts	N	1,313	4,125	69.37%	2.01%	57.52	44
38	279	pression s	N	1,925	3,776	39.90%	1.89%	28.48	15

图 2-42

（4）潜力款产品和沉睡款产品以覆盖中小词流量入口为主，将"捡漏"的功能最大化。

（5）店铺规划其实更像经营传统行业而不是电子商务，将其中的流程与环节最优化将使效益最大化。当线上店铺里分工明确的产品形成分类，会提高店铺的发展速度与赢利效率。而善于利用数据纵横里众多的工具达到规划的效果，是各位卖家必须要学的一门课。具体怎么去延伸与举一反三，就靠自己了。

2.7.3 综合性选品打造爆款计划

打造一个爆款是每一位入门级卖家都在追求的事情。

更高效地打造爆款是每一位中级卖家都努力的事情。

而高级卖家则没有这方面的问题！

要高效地打造爆款又要以基本概念作为条件进行分析了：

条件一：营业额=曝光量×点击率×转化率×单价。

条件二：爆款发展第一优先级曝光量为自然排序曝光量。

如图 2-43 所示，表格中 H 列的"订单指数"等于曝光×点击率×转化率。

	A	B	C	D	E	F	G	H	I	J
1	NO.	搜索词	是否品牌词	搜索人气	搜索指数	点击率	成交转化	订单指数	竞争指数	OP3热搜国家
2	1	socks	N	24,884	112,895	31.09%	1.21%	424.70	31	RU,US,PL
3	29	stance socks	N	961	3,598	51.15%	5.85%	107.66	25	US,CA,IT
4	17	weed socks	N	2,385	6,036	40.75%	4.31%	106.01	14	US,CA,NL
5	5	men's socks	N	3,416	18,024	42.92%	1.16%	89.74	60	RU,US,CA
6	15	men socks	N	1,066	6,363	42.17%	3.26%	87.47	79	RU,US,LT
7	3	носки мужские	N	5,081	21,814	36.58%	1.07%	85.38	20	RU,BY,KZ
8	2	носки	N	21,999	68,998	20.12%	0.55%	76.35	6	RU,BY,UA
9	8	socks men	N	1,489	10,636	37.75%	1.11%	44.57	106	RU,BR,BY
10	20	mens socks	N	931	4,466	43.05%	1.94%	37.30	57	US,GB,CA
11	11	basketball socks	N	2,098	7,945	39.27%	1.14%	35.57	38	US,CA,ES
12	98	hemp socks	N	361	871	53.85%	5.98%	28.05	12	RU,GR,CL
13	115	hip hop socks	N	198	767	56.31%	6.31%	27.25	59	US,CA,IT
14	19	мужские носки	N	927	4,470	37.54%	1.60%	26.85	37	RU,BY,UA
15	56	marijuana socks	N	398	1,538	37.62%	4.61%	26.67	29	US,RU,ES
16	76	odd sox	N	302	1,155	42.97%	4.52%	26.61	17	US,ES,CA
17	40	bamboo socks	N	406	2,091	58.14%	1.97%	23.95	54	US,RU,CZ
18	110	huff socks	N	424	800	32.56%	8.84%	23.03	2	US,CA,SK
19	35	compression socks	N	543	2,400	40.25%	1.87%	18.06	51	CA,US,RU
20	48	meia masculina	N	774	1,812	36.91%	2.68%	17.92	14	BR
21	13	odd future	N	2,245	6,721	18.43%	1.40%	17.34	14	US,FR,BR
22	215	socks weed	N	80	413	57.66%	7.21%	17.17	37	FR,RU,LT
23	142	elite sock	Y	232	632	57.06%	4.71%	16.99	22	US,BS,LV
24	22	chaussette	N	1,013	4,375	29.84%	1.29%	16.84	23	FR,CA,BE
25	7	nike socks	Y	6,310	10,793	23.93%	0.60%	15.50	3	US,AU,NZ
26	145	stance	N	169	629	81.07%	2.96%	15.09	32	US,BR,BE
27	54	men socks cotton	N	250	1,651	44.12%	2.04%	14.86	94	RU,CZ,LT
28	6	meias	N	4,314	11,026	22.94%	0.58%	14.67	7	BR,PT,AD
29	127	mens dress socks	N	150	707	34.74%	5.79%	14.22	79	US,CA,NZ
30	74	odd future socks	N	439	1,182	32.49%	3.47%	13.33	22	US,AU,BE
31	122	invisible socks	N	132	733	44.16%	4.06%	13.14	41	IN,SG,US
32	171	mens socks brand	N	54	532	66.43%	3.50%	12.37	211	US,GB,LK
33	23	sock	N	819	4,223	29.12%	0.98%	12.05	41	BR,FR,RU
34	39	socks marijuana	N	905	2,170	53.45%	1.03%	11.95	13	RU,IT,ES
35	419	ssettes doigts de p	N	6	213	45.61%	12.28%	11.93	872	FR
36	355	weed sock	N	40	254	63.24%	7.35%	11.81	64	US,SE,FR
37	339	loafer socks	N	25	265	76.06%	5.63%	11.35	104	AU,AR,CL

图 2-43

如图 2-44 至图 2-46 为行业情报筛选的高效类目。

如图 2-47 所示为行业情报确定的高消费力国家，从而提高单价。

	流量分析			成交转化分析			
	访客数占比	浏览量占比	访问深度水平	成交额占比	成交订单数占比	客单价水平	供需指数
最近 7 天均值	78.81%	67.18%	85.24%	53.31%	57.21%	93.18%	62.95%
环比周涨幅	0.99%	0.48%		0.7%	0.21%		-1.79%

图 2-44

dress	流量分析		成交转化分析		市场规模分析
	访客数占比	浏览量占比	成交额占比	成交订单数占比	供需指数
最近30天均值	49.48%	36.92%	29.34%	24.95%	126.54%
环比周涨幅	1.69%	1.88%	-0.17%	-1.38%	-4.45%

blouse	流量分析		成交转化分析		市场规模分析
	访客数占比	浏览量占比	成交额占比	成交订单数占比	供需指数
最近30天均值	39.55%	17.07%	11.98%	16.43%	36.12%
环比周涨幅	5.44%	5.44%	-1.07%	-1.62%	-5.30%

top	流量分析		成交转化分析		市场规模分析
	访客数占比	浏览量占比	成交额占比	成交订单数占比	供需指数
最近30天均值	11.55%	10.66%	8.90%	12.99%	181.72%
环比周涨幅	-11.49%	-1.75%	4.46%	4.67%	10.09%

图 2-45

	类目	流量分析			成交转化分析				市场规模分析	
		访客数占比	浏览量占比	访问深度水平	成交额占比	成交订单数占比	客单价水平	购买力水平	供需指数	市场综合表现
最近30天均值	dress	49.48%	36.92%	74.62%	29.34%	24.95%	117.60%	79.47%	126.54%	0.37
	blouse	39.55%	17.07%	43.16%	11.98%	16.43%	72.92%	70.18%	36.12%	0.56
	top	11.55%	10.66%	92.29%	8.90%	12.99%	68.51%	83.49%	181.72%	0.04
求和			64.65%		50.22%	54.37%				

图 2-46

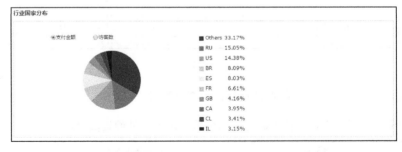

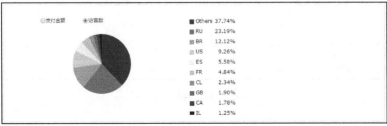

图 2-47

如图 2-48 所示为选品专家确定的爆款使属性最优化。

	A	B	C
4	属性名	属性值	成交指数
5	brand name	brand new	2701
6		brand new 汇总	
7		new	743
8		new 汇总	
9		new brand	758
10		new brand 汇总	
11		no	704
12		no 汇总	
13		other	740
14		other 汇总	
15	brand name 汇总		
16	color style	contrast color	4386
17		contrast color 汇总	
18		gradient	542
19		gradient 汇总	
20		natural color	30612
21		natural color 汇总	
22	color style 汇总		
23	decoration	appliques	1184
24		appliques 汇总	
25		hollow out	2505
26		hollow out 汇总	
27		lace	4531
28		lace 汇总	
29		none	22591
30		none 汇总	
31		sashes	1980
32		sashes 汇总	
33	decoration 汇总		

图 2-48

结合以上两个条件及图 2-43 至图 2-48 可得：

通过搜索词分析中我们定义的订单指数=曝光量×点击率×转化率，借此我们完成条件一当中"曝光量×点击率×转化率"部分的优化（方法见本章 2.7.2 节）。

使用行业情报可以筛选高效类目（方法见本章 2.2.3 节）。

使用行业情报可以确定高消费力国家从而提高单价（方法见本章 2.7.2 节）。

使用选品专家可以确定爆款使属性最优化（方法见本章 2.3.3 节）。

至此，高效爆款单品打造完成，接下来又会回到另一个基本公式：

$$订单量=曝光×点击率×成交转化率$$

想要提高订单量，就要努力增加曝光量，这样才会看到神奇的效果。

2.8　站外选品

2.8.1　阿里巴巴选品

阿里巴巴的首页如图 2-49 所示，在这里可以挑选供应商和产品。

图 2-49

1．挑选供应商

首先要挑处于产业带地区的供应商；其次随着"中国质造"大旗的举起，大家更应该注重供应商的自主研发或设计能力，从而在第一时间得到差异化的产品来源；然后要考虑供应商的配合与服务能力，例如库存、产能、售后等；最后当然还要考虑产品的价格区间，其必须要适合你的产品定位。

供应商页面展示如图 2-50 所示。

2．挑选产品

要挑选性价比高的爆款产品、正在爆发的潜力款产品和优质的新款产品。注意，寻找爆款产品时千万不能只追求低价；潜力款产品要找累计销量不高，却有几个商家持续补货的；新款产品要从优质的供应商里挖掘。

图 2-50

2.8.2　关于供应商不得不说的事儿

　　小卖家的问题才是大问题，他们会问为什么没有好货源？为什么没有优势产品？真的是只有大卖家才有供应链优势吗？下面我们来说一说那些小卖家会忽略的事儿。

　　（1）供应商简单来说可以定义为给我们提供产品及相应服务的商户、企业或厂商。

图 2-51

　　（2）如何获取供应商的欢心？卖出货再谈判和先谈判再卖出货对供应商而言，实际的收益差距不大，但他们往往会选择前者。对卖家而言，谈判得到优势后，更有利于提高出货效率，实现双赢。所以我们应该跟供应商沟通谈判，以促进形成这个双赢的局面。

图 2-52

（3）供应商的主要功能如图 2-53 所示。其中技术能力反映产品的研发与创新的能力，成本领先能力反映优化生产环节降低成本最大化利润空间的能力，交货供应能力反映产能与生产管理能力，服务团队能力反映配合与服务分销商的能力，品质能力反映产品质量的控制。

图 2-53

（4）供应商比我们更为了解行业动态，也比我们拥有更大的信息网络，有时候从供应商身上挖掘其他分销商的爆款，是一个不太道德却有奇效的选品方法。

2.8.3　Google 分析工具

1.　Google AdWords——谷歌广告词

谷歌广告词类似速卖通的搜索词分析，但功能更为强大，获取数据的范围更为庞大，其界面如图 2-54 所示。

图 2-52

2.　Google Global Market Finder——谷歌全球商机洞察

使用谷歌全球商机洞察工具能够从全球范围去收集关键词在各地区的表现情况，其界面如图 2-55 所示。

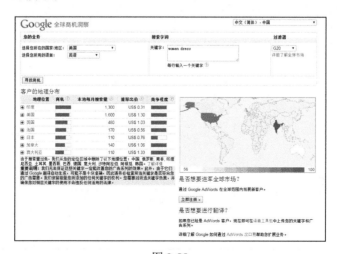

图 2-55

2.8.4 其他 B2C 平台参考

可以参考其他知名 B2C 网站进行选品，如下表所示。

https://www.wish.com/	wish Shopping Made Fun
http://www.amazon.com/	amazon Try Prime
http://www.ebay.com/	ebay

2.8.5 Watch Count 和 Watched Item 网站

Watch Count 和 Watched Item 这两个网站是 ebay 的搜索分析网站，界面使用简单。如图 2-56 和图 2-57 所示，此网站的搜索方式与大部分电商网站的搜索方式并无太大差别。

图 2-56

图 2-57

2.8.6　海外购物搜索引擎网站

海外咨询网站可以让我们直接从客户的角度去了解客户最真实的网购环境，以下是美国的用户量最大的 11 个购物搜索引擎网站。

（1）Yahoo! Shopping（http://shopping.yahoo.com，见图 2-58）

（2）BizRate（http://www.bizrate.com）

（3）Shopping.com（http://www.shopping.com）

（4）NexTag（http://www.nextag.com）

（5）PriceGrabber（http://www.pricegrabber.com）

（6）MSN eShop（http://shopping.msn.com）

（7）Calibex（现在为 NexTag 所拥有，http://www.calibex.com）

（8）Froogle（http://froogle.google.com）

（9）Dealtime（现在为 Shopping.com 所拥有，http://www.dealtime.com）

（10）Price Watch（http://www.pricewatch.com）

（11）Shopzilla（是 BizRate 新启用的名称，http://www.shopzilla.com）

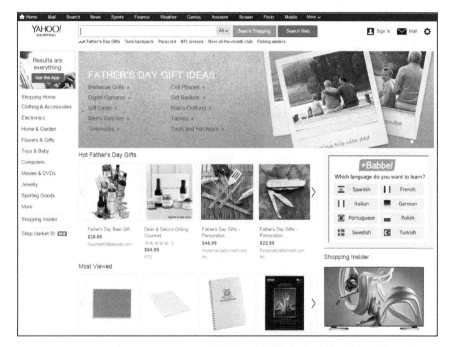

图 2-58

可以通过这些网站了解海外电子商务网站的情况，找到跨境 B2C 产品的主流导向。

第 3 章

数据分析引流

本章要点：

- 概述
- 站内引流
- 站外引流

3.1 概述

流量之于网店，相当于心脏之于人体，其重要性不言而喻。人没有心脏就无法生存；同样，网店没有流量，也只能倒闭。就像开实体店，即使我们有最优质的产品，最便宜的价格，但是我们将产品藏在家里，而别人将产品摆在商业街的货架上，那么，即使别人的产品质量不如我们，价格也比我们高，但他的产品照样能卖得出去，为什么？就是因为他的产品能被人看到。酒香不怕巷子深的时代已然过时，有好产品，就要把它展示出来。

本节我们会将所有流量细分，并教会大家如何获取最大的流量。

3.2 站内引流

3.2.1 类目流量

1. 类目流量的定义

什么是类目流量？当我们访问一个购物网站时，要想找到我们需要的产品路径有很多。例如如果想要在淘宝上搜索一件蕾丝连衣裙，则可以在网站的搜索框中输入"蕾丝连衣裙"关键字，也可以单击淘宝首页右侧的"淘宝女人"—"衣服"—"女装"—"蕾丝连衣裙"分类，之后可以看到各种蕾丝连衣裙的展示。在速卖通上也一样，当客户浏览产品时，除可以通过如图 3-1 所示的搜索路径查找自己需要的产品外，还可以通过页面左侧的导航栏查找到自己需要的产品，如图 3-2 所示。首页左侧的导航栏就是类目，并且这个类目会一直出现在页面左侧。无论是通过搜索浏览产品，还是从导航栏浏览产品，在页面左侧一直都会有类目伴随着出现，并且类目会随着我们选择的具体化，如图 3-3 所示，它会越来越精确地帮助浏览者对产品进行精准的定位，更快捷地找到自己需要的产品。从类目进入产品页面的流量，就是类目流量。

而且，根据视觉热度 F 形原则，在图 3-4 中，颜色越深代表此位置越容易被我们关注，所以类目一直出现在我们的视觉热度区域中。并且从如图 3-5 所示的数据纵横里的商铺流量来源上看，类目流量是商铺流量中非常重要的组成部分。所以提高类目流量是店铺运营中非常重要的工作之一。

图 3-1

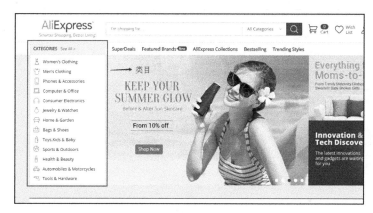

图 3-2

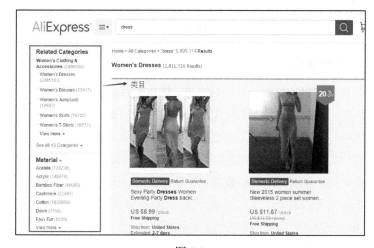

图 3-3

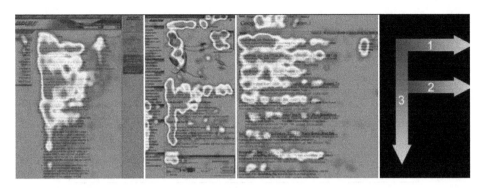

图 3-4

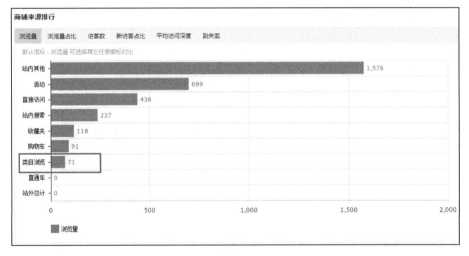

图 3-5

2. 类目流量的优化

优化类目流量的目的就是提高类目流量，优化类目浏览的相关数据，从而为我们带来更多的订单。那么我们应该如何优化类目流量呢？要优化哪些数据呢？首先，我们要先会看数据。下面先来看一下数据纵横为我们提供了哪些关于类目流量的数据。如图 3-6 所示，在这里我们可以查看到关于类目的浏览量、浏览量占比、访客数、新访客占比、平均访问深度、跳失率数据。并且每次可以同时选择两个项目进行比较查看，在日期上可以选择最近 1 天、最近 7 天、最近 30 天，如果是自定义时间，则只能查看最近 30 天以内的任何时间段；在国家选择上，目前除可以查看全球的数据外，还可以查看下拉列表中所显示的国家，如图 3-7 所示。

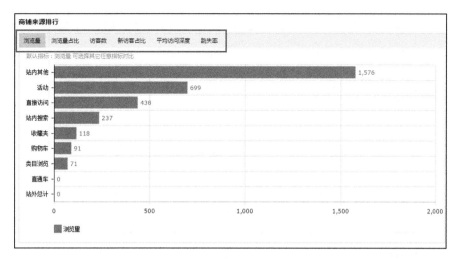

图 3-6

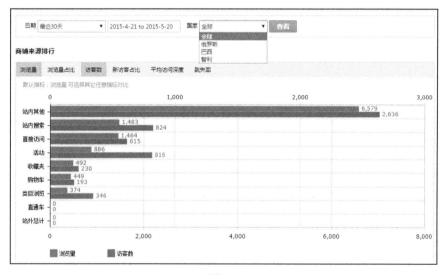

图 3-7

如图 3-8 所示，在商铺来源排行下方的详细数据里，通过点击类目浏览的趋势图标，可以查看如图 3-9 所示的类目浏览趋势详情。类目浏览趋势详情里只能显示最近 7 天的数据，在这里同样可以同时查看两种不同的数据。如果想要查看更长时间的数据，如图 3-10 所示，可以在下方的详细数据的右侧下载最近 30 天的原始数据。

活动	📈	699	14.76%	647	647	100.00%	1.08	93.84%
直接访问	📈	438	9.25%	174	168	96.55%	2.52	78.19%
站内搜索	📈	237	5.00%	103	102	99.03%	2.3	70.75%
收藏夹	📈	118	2.49%	56	46	82.14%	2.11	56.45%
购物车	📈	91	1.92%	46	40	86.96%	1.98	57.14%
类目浏览	📈 ← 趋势图标	71	1.50%	69	69	100.00%	1.03	97.10%
直通车	📈	0	0.00%	0	0	0.00%	0	0.00%

图 3-8

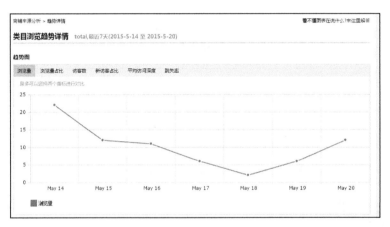

图 3-9

日期	浏览量	浏览量占比	访客数	新访客数	新访客占比	平均访问深度	跳失率
总计	71	1.50%	69	69	100.00%	1.03	97.10%
2015-05-14	22	2.55%	22	22	100.00%	1	100.00%
2015-05-15	12	1.80%	12	12	100.00%	1	100.00%
2015-05-16	11	1.71%	10	10	100.00%	1.1	90.00%
2015-05-17	6	0.97%	6	6	100.00%	1	100.00%
2015-05-18	2	0.27%	2	2	100.00%	1	100.00%
2015-05-19	6	1.01%	5	5	100.00%	1.2	80.00%
2015-05-20	12	1.98%	12	12	100.00%	1	100.00%

图 3-10

当我们得到这些数据后，就要对这些数据进行优化了。我们只要提高访客数及增加新访客数，提高平均访问深度，降低跳失率，就能增加有效访问量。

其实在数据纵横里已经给出了增加类目流量的基础答案，那就是选好类目、填好属性，如图 3-11 所示。

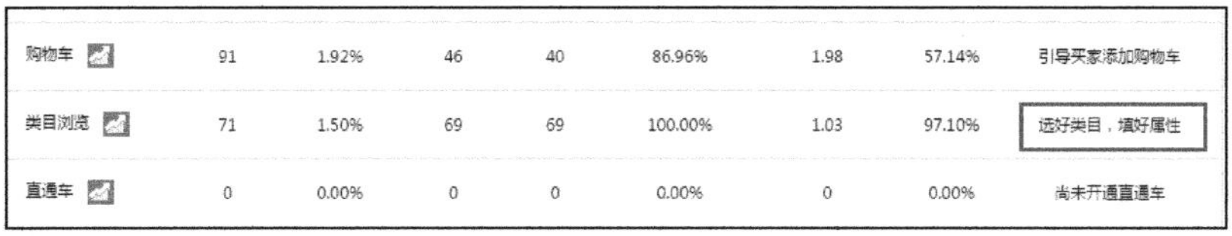

图 3-11

引流的第一步就是要为产品发布选择正确的类目。当我们发布产品时，第一件事情就是要选择好发布的类目，如图 3-12 所示。因为这个类目和客户在客户端（见图 3-13）看到的是相互对应的，只有发布正确，客户才能通过类目找到我们的产品。

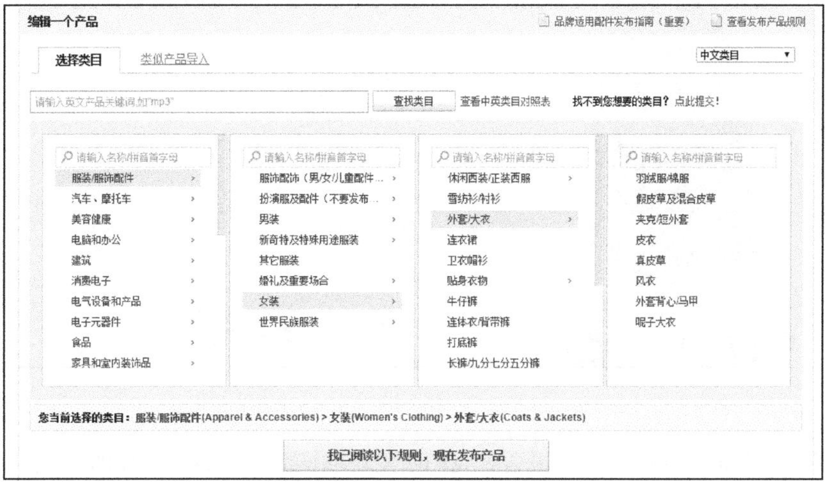

图 3-12

如何选择正确的类目呢？通常大部分产品我们都是可以对应到正确的产品类目中的，例如连衣裙要发布在"dress"的类目下，半身裙要发布在"skirt"的类目下。如果不清楚产品具体应该放在哪个类目下，则可以通过查询网站中的同类产品来确定，如图 3-14 所示。

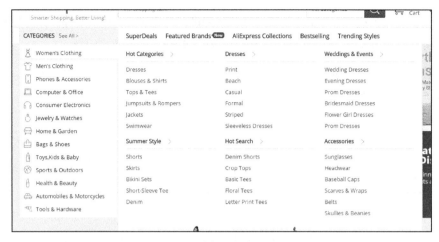

图 3-13

图 3-14

当我们发布产品后，系统也会对我们所发布的产品进行诊断。如图 3-15 所示，系统会提示我们类目放错的情况，要及时修改。如图 3-16 所示，其中有一项是标题与类目不符。如果我们要增加类目流量，那么就一定要将商品放到正确的类目中，只有类目正确，相关性高，客户才会通过类目这个路径找到他需要的产品，产品才会增加访问深度，降低跳失率。

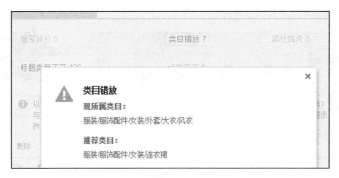

图 3-15

图 3-16

类目引流就是通过类目带来流量。但是我们通过数据纵横里的商品来源分析会发现，有些产品是没有类目流量的（见图 3-17），而有些产品则有很多的类目流量（见图 3-18）。

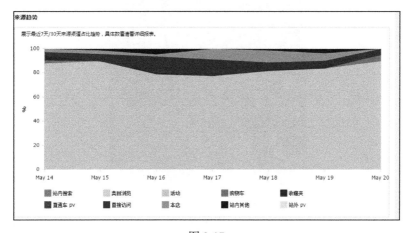

图 3-17

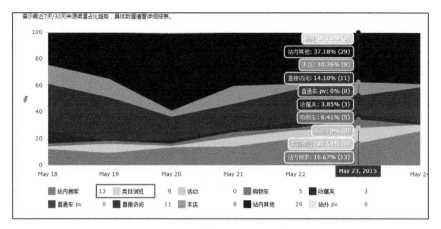

图 3-18

产生这种情况往往是因为商品的类目发布不正确，或者属性填写不完整，从而导致没有类目流量。另外，在平台中，每个类目本身就存在差异性，所以有的商品就算是发布到了正确的类目中，流量可能也会相对较低。那么我们要引流，就要尽量选择流量大的类目。

当然选择流量大的类目的前提是商品与类目要具有相关性、正确性，有些商品适用于多个类目，这时候可以选择流量大的类目。例如，如图 3-19 所示的这件衣服，既可以发布在连衣裙类目下，也可以发布在舞台装类目下，还可以发布在礼服等类目下。

图 3-19

因此我们就要尽量将商品发布在流量大的类目中来增加商品的类目流量。那么如何知道哪个类目的流量更大呢？

在数据纵横里，可以通过如图 3-20 所示的行业趋势来进行对比，以如图 3-19 所示的这件衣服为例，这里选择了 3 个类目进行对比。从访客数占比中可以看出，伴娘礼服这个类目的访客数占比最高。接着看如图 3-21 所示的成交额占比，同样还是伴娘礼服这个类目占比最高。再看如图 3-22 所示的浏览量占比，也是伴娘礼服占比最高。如图 3-23 所示的成交订单数占比也是一样的情况。最后看一下如图 3-24 所示的供需指数，这次伴娘礼服这个类目的占比接近于舞台表演服和表演服类目，并比较靠后。因为供需指数越大，竞争越激烈，综合来看，伴娘礼服就是一个非常好的类目，因为它流量高，访客多，竞争小，所以对于这件衣服，应该将其发布在伴娘礼服类目下，从而可以获得更多的流量。

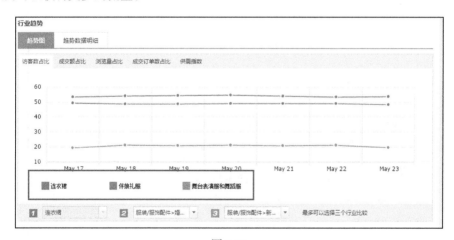

图 3-20

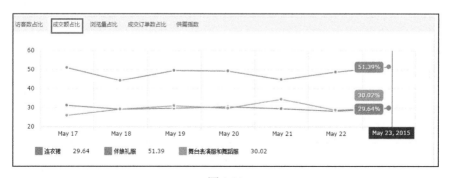

图 3-21

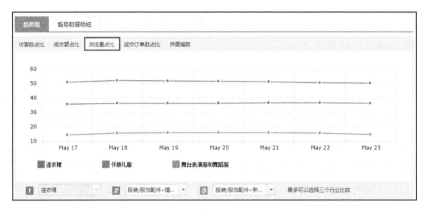

图 3-22

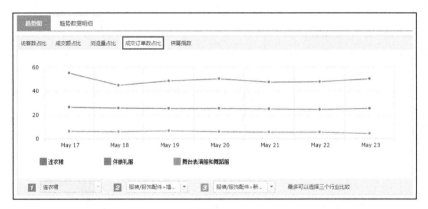

图 3-23

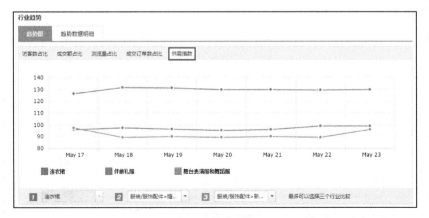

图 3-24

确定完类目之后，就要填写商品属性了。如图 3-25 所示的属性也是类目流量来源路径中重要组成部分。

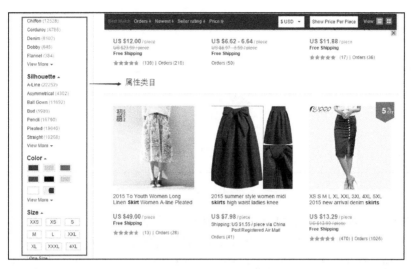

图 3-25

属性填写也很关键，我们要尽量选择和产品本身一致并且相关的属性，另外还要尽量全部填写。与选择类目一样，当产品适合多个属性时，我们要选择流量大的属性来填写。数据纵横为我们的属性填写提供了参考，如图 3-26 所示。在选品专家里，可以查看热搜属性，如图 3-27 所示。当点击选品专家里的热搜类目之后，在图片下方就会出现热搜属性。

图 3-26

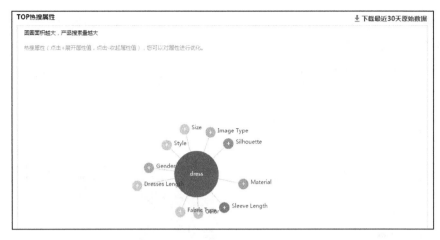

图 3-27

如图 3-28 所示，热搜属性里的每个圆中的加号都是可以点击打开的。点开之前圆中显示的是属性名称，点开之后圆中显示的就是属性值了。圆的面积越大，代表此属性值的搜索量就越大。如果直接查看图形，则往往看上去比较乱，不够清晰，如图 3-28 所示。可以单击界面右上角的按钮下载最近 30 天的原始数据。

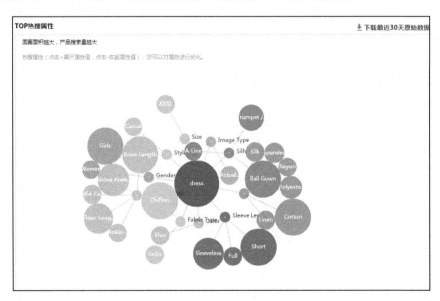

图 3-28

如图 3-29 所示就是我们下载下来的数据表，从中可以挑出能和我们的产品匹配

的属性与属性值，也可以将这些属性填写到自定义属性里，这样可以有效提高店铺的
类目流量。

行业	国家	商品关键词	属性名	属性值	搜索指数	搜索人气
服装/服饰配件	全球	dress	Color	Blue	890	1002
服装/服饰配件	全球	dress	Dresses Length	Knee-Length	8644	1084
服装/服饰配件	全球	dress	Dresses Length	Above Knee, Mini	855	1152
服装/服饰配件	全球	dress	Dresses Length	Floor-Length	777	1395
服装/服饰配件	全球	dress	Dresses Length	Mid-Calf	7609	1457
服装/服饰配件	全球	dress	Dresses Length	Ankle-Length	758	1502
服装/服饰配件	全球	dress	Fabric Type	Chiffon	6494	1538
服装/服饰配件	全球	dress	Fabric Type	Satin	5594	1632
服装/服饰配件	全球	dress	Gender	Girls	3893	1765
服装/服饰配件	全球	dress	Gender	Women	3246	2049
服装/服饰配件	全球	dress	Image Type	Actual Images	26772	2286
服装/服饰配件	全球	dress	Material	Cotton	2608	2382
服装/服饰配件	全球	dress	Material	Polyester	2506	24101
服装/服饰配件	全球	dress	Material	Spandex	2268	2952
服装/服饰配件	全球	dress	Material	Silk	2008	3151
服装/服饰配件	全球	dress	Material	Linen	1842	4537
服装/服饰配件	全球	dress	Material	Rayon	1790	5610
服装/服饰配件	全球	dress	Silhouette	Ball Gown	1765	671
服装/服饰配件	全球	dress	Silhouette	Trumpet / Mermaid	1676	6982
服装/服饰配件	全球	dress	Silhouette	A-Line	1535	701
服装/服饰配件	全球	dress	Size	XXXL	1305	737
服装/服饰配件	全球	dress	Sleeve Length	Short	1158	761
服装/服饰配件	全球	dress	Sleeve Length	Sleeveless	1125	8143
服装/服饰配件	全球	dress	Sleeve Length	Full	11139	9823
服装/服饰配件	全球	dress	Style	Casual	1088	995

图 3-29

3.2.2　普通搜索流量

1. 普通搜索流量的定义以及影响流量的因素

普通搜索流量即自然搜索流量，指买家在搜索框中搜索某个关键词出现搜索结果
后，点击某个搜索结果，为该产品所属卖家带来的流量。为了更直观地让读者理解，
下面举例说明。

客户 A 想在速卖通上买一条裙子，在搜索框里输入 "dress"，就会出现如图 3-30
所示的结果。

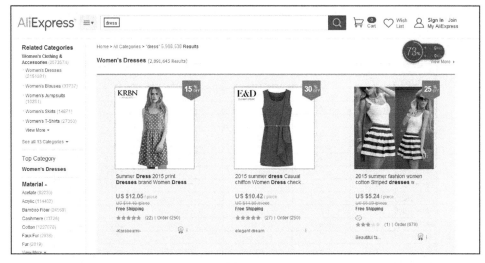

图 3-30

客户选择其中一条，点击进去之后，对此商家来说，这就是一个普通搜索流量。

相对于 P4P、站外推广等付费流量，普通搜索流量的优点是免费、高转化。既然普通搜索流量的优点如此明显，那么它主要受哪些因素影响？我们又该如何获取更多的普通搜索流量呢？

影响普通搜索流量的因素有很多，包括以下几个。

（1）店铺活跃度

活跃度越高的店铺获得曝光的机会越大。我们平时应做好以下几点来保持店铺的活跃度。

① 经常留意旺铺装修市场是否有新的模块推出，及时更新。

② 保持店铺每日上架新产品或按频率上架新产品。

③ 保证旺旺在线时长并及时回复客户的问题及询盘。

（2）店铺违规扣分情况

店铺违规扣分的处罚节点如图 3-31 所示。

附：速卖通违规处罚节点一览表

积分类型	扣分节点	处罚
知识产权禁限售违规	2分	严重警告
	6分	限制商品操作3天
	12分	冻结账号7天
	24分	冻结账号14天
	36分	冻结账号30天
	48分	关闭
交易违规及其他	12分	冻结账号7天
	24分	冻结账号14天
	36分	冻结账号30天
	48分	关闭
商品信息质量违规	12分	冻结账号7天

备注：

限制商品操作：指对速卖通卖家发布新产品以及产品编辑功能进行关闭，无法操作。

冻结：撤下架店铺内所有出售中的商品，限制发布商品的处罚措施；

图 3-31

店铺违规除会被扣分外，对商品的自然曝光也会产生一定的影响。如图 3-32 所示是某款产品在 5 月 20 日收到买家的投诉。

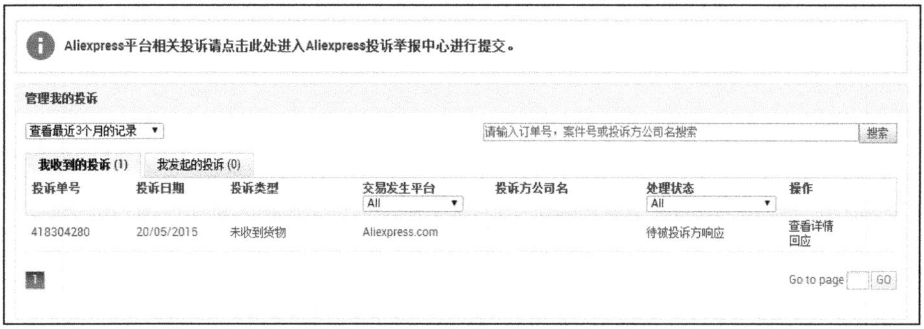

图 3-32

再看一下如图 3-33 和图 3-34 所示的店铺流量趋势，店铺从 5 月 20 日收到买家投诉后到 5 月 30 日，店铺的曝光次数呈直线下降趋势，由 34 万次下降到 17 万次。

由此可见，店铺由于违规被客户投诉，对店铺的整体流量影响是非常大的。

那么，店铺应该如何避免违规和被平台扣分呢？

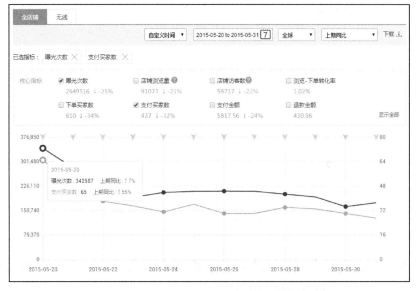

图 3-33

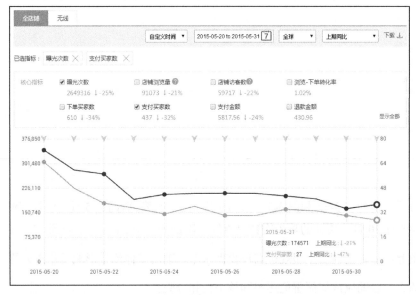

图 3-34

以下几点请牢记：

① 不要发布禁限售产品（具体品类请参照平台禁限售规则）。

② 杜绝销量炒作、虚假发货、违背承诺、恶意骚扰、不正当竞争、严重扰乱市场秩序、严重恶意超低价、不法获利等交易类违规行为。

③ 发布产品时不要虚假宣传，夸大其辞，以避免实物与描述不符，引起客户投诉。

（3）卖家服务等级

速卖通经过多次调研发现，买家越来越看重商品的质量和卖家的服务能力，特别是商品描述与实物是否相符、商品评价、沟通效率和卖家态度等方面。

为了凸显商品质量好及服务能力强的卖家，提升买家的购物体验，速卖通平台于2015 年 1 月 5 日正式推出全新卖家服务等级，以考核卖家在买家服务方面的各项能力。

历史累计结束的已支付订单数大于或等于 30 笔的卖家，将根据其在考核期内的表现分为优秀、良好、及格和不及格 4 个等级，各等级要求如图 3-35 所示。

评级	优秀	良好	及格	不及格
标准	符合以下所有条件： 1、考核订单量>=90笔 2、ODR<3.5% 3、卖家责任裁决率<0.8%（手机、平板类目为<1%） 4、90天好评率>=97%	符合以下所有条件： 1、考核订单量>=30笔 2、ODR<6% 3、卖家责任裁决率<0.8%（手机、平板类目为<1%） 4、90天好评率>=95%	符合以下所有条件： 1、ODR<12% 2、卖家责任裁决率<0.8%（手机、平板类目为<1%） 3、90天好评率>=90%	符合以下任一条件： 1、ODR>=12% 2、卖家责任裁决率>=0.8%（手机、平板类目为>=1%）
历史累计结束的已支付订单<30笔的卖家，属于成长期卖家，不参与卖家服务等级的考核				

图 3-35

不同等级的卖家将在橱窗数量、搜索排序曝光、提前放款、平台活动、店铺活动等方面享有不同的资源。等级越高的卖家，享受的资源奖励越多。等级为"优秀"的卖家将获得"Top-rated Seller"的标志，买家在搜索商品时可以快速发现这些优秀的卖家，并会选择购买优秀卖家的商品。指标表现较差的卖家将无法报名参加平台的活动，并且其在搜索排序上会受到不同程度的影响。具体介绍如图 3-36 所示。

奖励资源	优秀	良好	及格	不及格	成长期
橱窗推荐数	3 个	1 个	无	无	无
搜索排序曝光	曝光优先+特殊标识	曝光优先	正常	曝光靠后	正常
提前放款特权	有机会享受最高放款比例	无法享受最高放款比例	无法享受最高放款比例	无法享受最高放款比例	无法享受最高放款比例
平台活动	优先参加	允许参加	允许参加	不允许参加	允许参加
营销邮件数	500	200	100	无	100

图 3-36

要提升卖家的服务等级，需要从以下方面入手。

降低 ODR。ODR 即 order defect rate，不良订单体验率，其等于不良订单数/总订单数。要降低不良订单体验率首先要缩小公式的分子，即减少不良订单数，这就要求我们要保证产品的质量，提高发货速度，做好售后服务，提升用户体验。

另一个提高不良订单体验率的方法是增大公式的分母，订单多起来了，就能降低不良订单的比例了。

（4）产品排名

产品排名是影响曝光量最大的因素。

下面先看一下如图 3-37 所示的这款产品，其使用了"women dress"这个关键词，并且在速卖通上的自然排名中排在第 1 页的第 13 名。此款产品没有做 P4P 等付费推广，每天单品的搜索曝光量可以达到 5 万次以上，如图 3-37 所示。

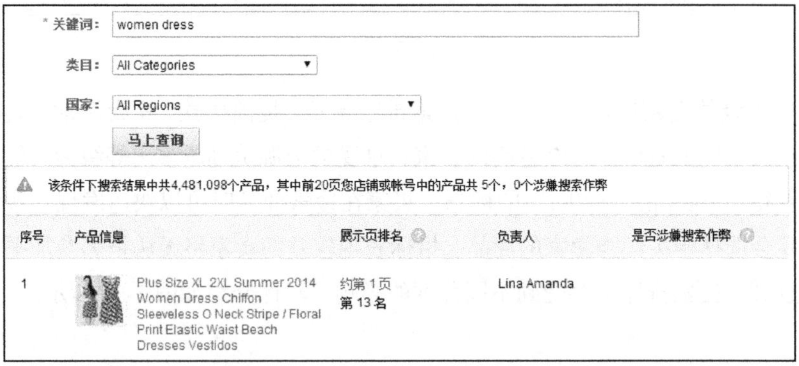

图 3-37

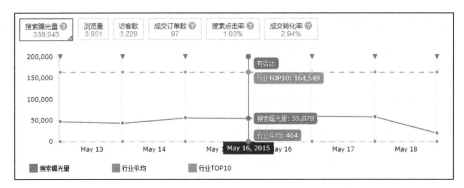

图 3-38

再来看一下如图 3-39 所示的这款产品。

图 3-39

其使用相同的关键词 "women dress",此款产品排在第 20 页的第 34 名。

从图 3-40 中可以看出这款产品的日曝光量只有 3103 次。

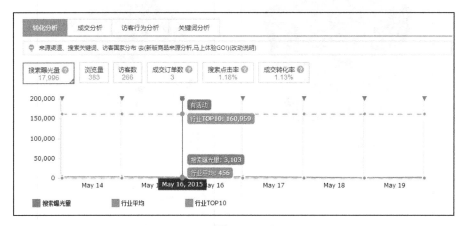

图 3-40

众所周知，商品的曝光量与成交量成正比，有更多的曝光量意味着有更多的成交量。那么，我们应该如何通过数据分析发布一个流量最大化的产品，从而获取更多订单呢？

2. 通过数据分析发布流量最大化的产品

（1）通过数据分析设置流量最大化的标题

在速卖通平台，产品的标题决定了消费者能否找到自己想要购买的产品。例如消费者想购买一条"necklace"，那么产品的标题里必须要包含这个关键词，才有可能被消费者搜索到，标题里没有这个关键词的产品是不会被展现的。

如图 3-41 所示，在搜索框输入"necklace"。

图 3-41

之后随机挑选几个匹配到的产品，如图 3-42 至图 3-44 所示。

图 3-42   图 3-43

图 3-44

从图中可以看出，被匹配到的产品的标题里都含有"necklace/necklaces"这个关键词。所以，如果想发布一款流量大的产品，则一定要在标题里用上高流量的关键词。那么，如何获得高流量的关键词？进入店铺后台的操作页面，点击数据纵横选项，如图 3-45 所示。

图 3-45

打开的界面如图 3-46 所示，在左侧边栏的商机发现里，点击搜索词分析选项。

图 3-46

接下来根据自己的行业和类目，找到平台最近 7 天的热搜词并放进标题中，如图 3-47 所示。

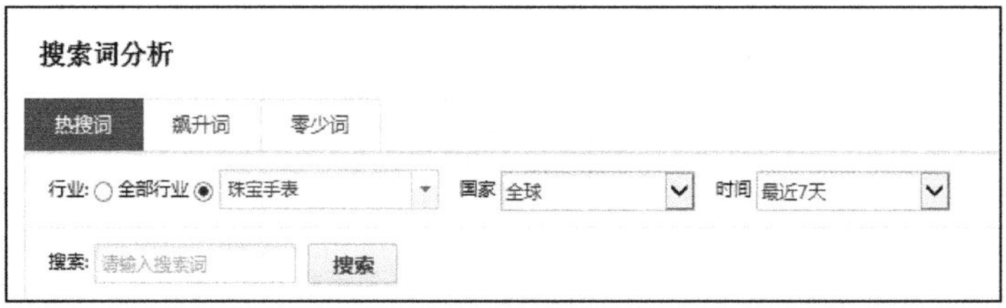

图 3-47

（2）3 个主关键词的填写方法

目前最主流的关键词填写方法有以下两种。

① 被包含法，如图 3-48 所示。

图 3-48

② 关键词丰富法，如图 3-49 所示。

图 3-49

（3）通过数据分析填写流量最大的属性

下面进入店铺后台的操作页面，点击数据纵横选项。

在界面左侧边栏的商机发现中点击选品专家选项，如图 3-50 所示。

商机发现

行业情报

选品专家

搜索词分析

图 3-50

在打开的页面中，将行业这一栏越细化越好，最好细化至三级类目，如果产品在美国热销，则可以将国家选择为美国。如果无热销国家，则选择全球。然后点击代表"wristwatches"的圆，如图 3-51 所示。

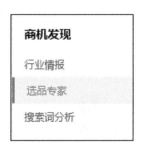

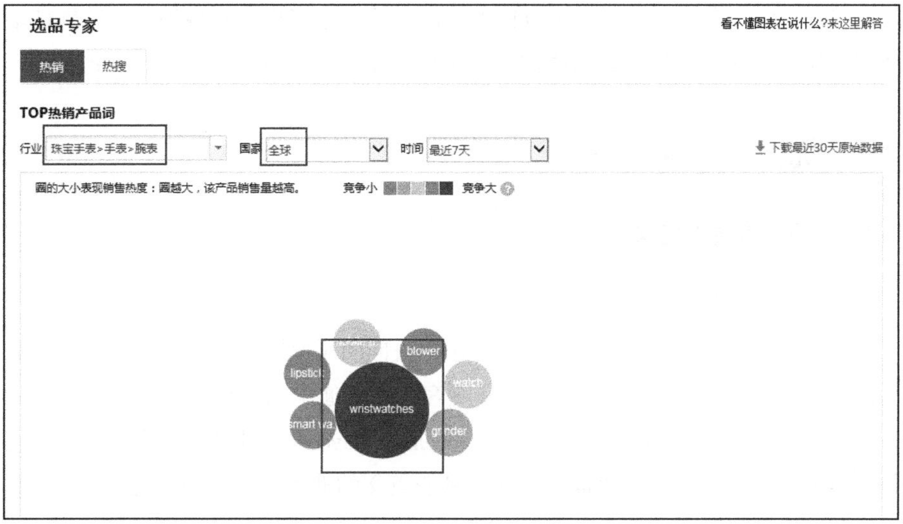

图 3-51

从而即可得到 wristwatches 的热销属性，如图 3-52 所示。然后点击下载近 30 天原始数据按钮，下载最近 30 天的原始数据。

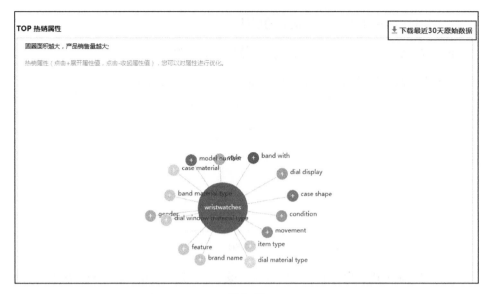

图 3-52

之后系统会自动生成一个 Excel 表格，通过这个表格我们可以对产品的热销属性一目了然。我们在发布产品时，可以根据产品寻找热销属性，并将相关热销属性填入产品基本信息中的属性栏里，这样的产品不但热销，而且是流量最大化的产品。

3.2.3 优化小语种流量

1. 小语种流量的定义

什么是小语种流量？

图 3-53 所示的是某款钥匙链的流量来源去向图（此图在数据纵横工具的商品分析页面中可见），其中展开的下拉列表是顾客在速卖通主站（英文站）内搜索的关键词。其中 PV 最高的 3 个搜索词：брелок，брелки，llaveros 全部是非英文词，其中有两个是俄语词，一个是西班牙语词。上述这种非英文的搜索词，我们称之为小语种词，由小语种词带来的流量，就是小语种流量。

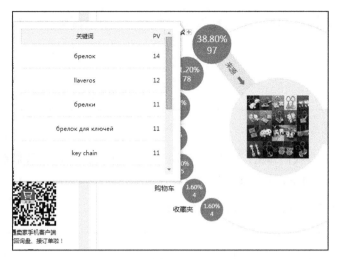

图 3-53

2. 小语种流量的重要性

通过上述分析我们知道，小语种流量在搜索中占有很大的比例。下面再来看一下小语种流量与非小语种流量竞争的激烈程度。下面用翻译工具看一下上述两个小语种词的解释，如图 3-54 至图 3-56 所示。

图 3-54

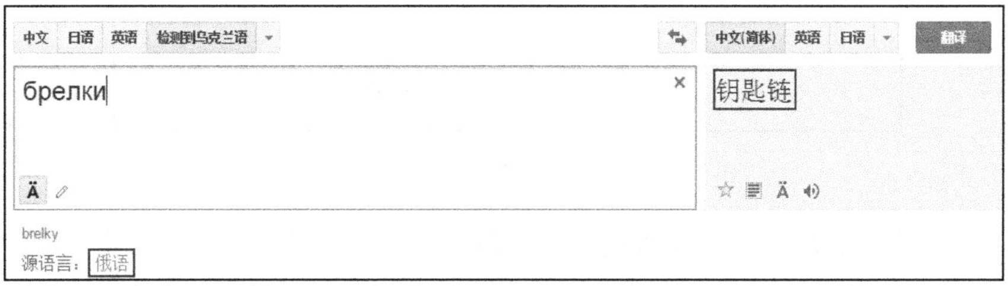

图 3-55

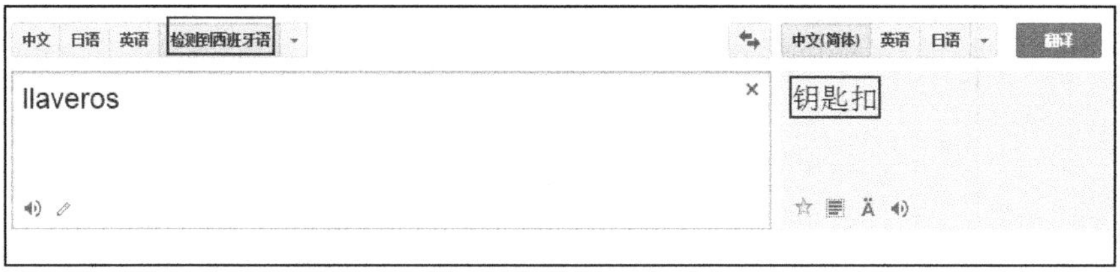

图 3-56

通过翻译工具我们知道，这 3 个词都是钥匙链的意思。那么，我们在速卖通搜索一下关键词"key chain"（钥匙链）。

从图 3-57 中可以看出有 434 562 个结果。

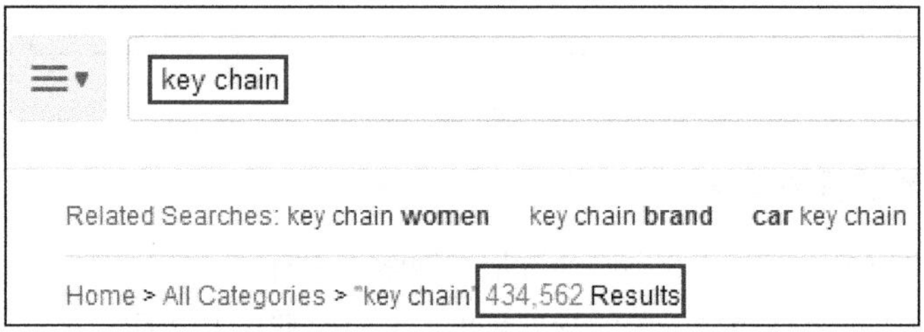

图 3-57

再搜索一下"llaveros"这个关键词（俄文词含有非英文字母，无法加入主站点产品的标题中）。

从图 3-58 中可以看出只有 5 480 个结果。这说明相对于"key chain"这种常见的热搜词，在速卖通上使用小语种词的卖家还很少。

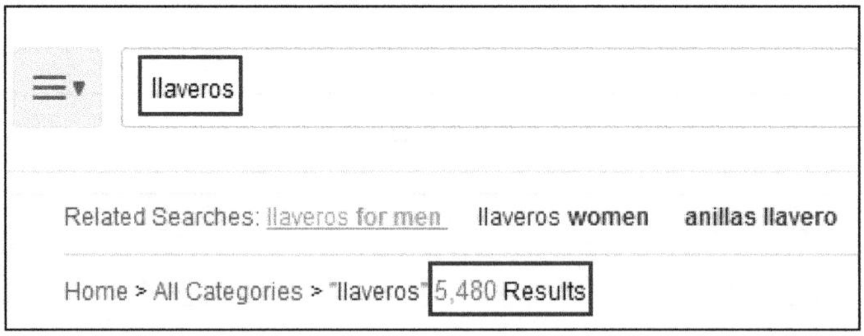

图 3-58

在上文中，笔者提到产品的曝光量和标题有着紧密的联系，学习了本章后，我们把这种小语种词添加到产品的标题中，就会额外获得这些流量大、竞争小的关键词的曝光量。通过上述分析，我们可以很直观地得出如下结论：有相当一部分客户习惯使用非英文搜索词（小语种词）在速卖通上进行搜索；小语种词的竞争相对来说要小得多。

3. 小语种流量的获取方法

那么，既然使用小语种词既能获得更多的曝光量，又能增加产品的竞争力，那么我们应该怎样获取小语种词呢？

下面笔者就给大家推荐几种方法。

路径 1：店铺后台—数据纵横—商品分析—流量来源—站内搜索。

路径 2：店铺后台—数据纵横—搜索词分析，如图 3-59 所示。

图 3-59

以上是从店铺后台获取小语种词最主要的两种途径。另外，我们还可以通过旺旺聊天、浏览其他国家网站等方法获取小语种词，在此就不一一介绍了。

3.2.4　通过分析直通车数据来实现精准引流

直通车是一款付费的精准引流工具。运用得当的话，则会对店铺的成长产生非常明显的推动作用，反之亦然。

如图 3-60 所示，此店铺的曝光量从 2015 年 3 月 1 日至 3 月 6 日有大幅度的下滑，而同期直通车的曝光量（见图 3-61）也有同样很明显的下滑趋势。

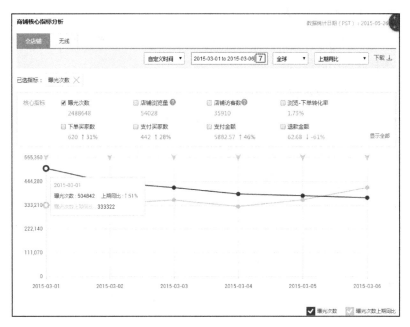

图 3-60

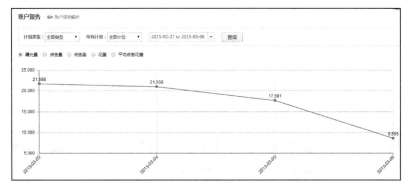

图 3-61

通过上述对比我们可以分析出，直通车的曝光量对店铺整体的曝光量有着很大的影响。那么，我们应该如何通过数据分析来引来更多高质量的精准流量呢？

首先来看一下直通车的后台，如图 3-62 所示。

图 3-62

这里面有关键词、推广评分、曝光量、点击量、点击率、花费、出价、预估排名、操作这几个选项。下面介绍几个与曝光量紧密相关的选项。

（1）关键词

关键词的重要性不用笔者多说，大家都清楚。获取高曝光、高转化关键词的方法有很多，例如数据纵横的搜索词分析；直通车的优化工具、关键词工具；速卖通后台的的商品分析，流量来源里的站内搜索；参考 Top 卖家的标题等，这里就不一一赘述了。

（2）推广评分

推广评分分为 3 个等级：优，良和--。--表示此关键词推广评分很低，无法参与正常投放，这种词可以直接删除，不做讨论。等级为优的词将展示在搜索结果页面右侧的 5 个位置中，如图 3-63 所示。这些位置的曝光量最大。

图 3-63

等级为良的词目前只能排在如图 3-64 所示的平台首页底部或是第二页以后的右侧或下方的广告位中，获得的曝光量也远远小于等级为优的词。

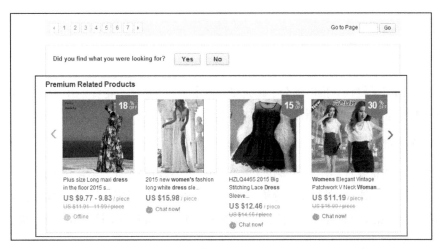

图 3-64

通过直通车获取更多曝光量的一个简单有效的方法就是将等级良的词推优。那么，如何将等级为良的词推优呢？"t shirt"在平台中是一个大词，曝光量较高，从图 3-65 中可以看出其在推广计划中是等级为良的词。

关键词	推广评分	曝光量	点击量	点击率	花费	出价	预估排名	操作
shirt	优	0	0	0%	¥0	¥0.80	其他位置	删除
t shirt	良	0	0	0%	¥0	¥0.50	其他位置	删除

图 3-65

在如图 3-66 所示的直通车后台中，在推广管理页面的关键词旁边，有一个"创意"按钮。

单击此按钮，打开新增加创意页面，然后将希望推优的词如"t shirt"（见图 3-67）添加到商品展示名称里面（即创意标题），如图 3-68 所示。

单击"添加创意"按钮即可将良词推优，如图 3-69 所示。

图 3-66

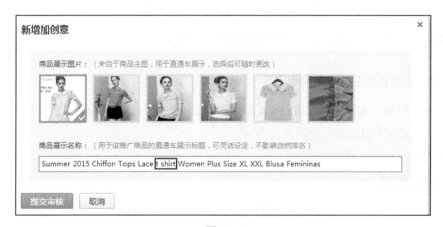

图 3-67

图 3-68

图 3-69

3. 曝光量

曝光量指具体某一关键词为该商品带来的展现次数。更多的曝光量意味着有更多的成交,但并不是曝光量越大越好。转化率低,曝光量高的词只会拉低产品的转化率,不利于提升的产品排名。

4. 点击量和点击率

点击量和点击率一般成正比,即点击量越高,意味着点击率越高,反之亦然。当然也有个案。如果某个关键词的点击量比较高,产品的转化率又比较好,就要加大对该词的投入,从而让产品的排名更靠前,获得更多的成交量。

3.2.5　店铺引流以及站内其他流量来源

1. 站内其他主要流量来源

当我们查看数据纵横里的商铺流量来源时,经常会发现站内其他流量来源是店铺所有流量来源中最高的,如图 3-70 所示。

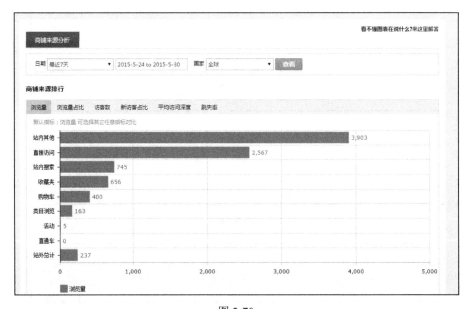

图 3-70

笼统地讲，站内其他流量来源目前的定义是：把站内流量来源能归类的归类后，剩下的就为站内其他流量来源。

具体来讲，站内其他流量来源目前包含从店铺首页、分组页、买家后台历史页等页面进入的流量，还有其他分站转化过来的流量，例如分站的搜索、分站的类目浏览等（注明：分站包含小语种站，以及优惠券站等除主站外的所有站）。这些共同组成了站内其他流量来源。阿里巴巴官方表明，未来会把站内其他流量来源重新梳理，做更细致的分类。

如图 3-71 所示，在商品分析页面里同样可以查看到单个产品的流量来源，站内其他流量来源同样占据很大的比重。

图 3-71

2. 做好关联营销、店铺装修、搭配套餐等，实现流量最大化

如图 3-72 所示，在商品来源分析页面中可以看到，除站内其他流量来源外，标注框里的各项流量来源也是店铺流量来源中非常重要的组成部分。在商品分析页面里同样可以看到流量来源分析，如图 3-73 所示。

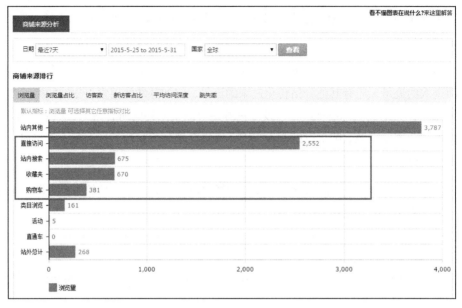

图 3-72

图 3-73

包括站内其他流量来源在内的这些重要流量来源，我们都要进行引流，增加这些来源的流量。这些流量之间是互相影响，互相转化的。

一个网站能否引人关注，除内容外，网站的布局和样式，是否美观都起了决定性的作用，而店铺也是同样的道理。除产品因素外，一个产品风格统一，结构布局合理，装修美观的店铺会带来更多的收藏量、直接访问量以及站内其他的流量。这里的收藏量是指店铺收藏量，店铺收藏量会直接影响收藏夹的流量。当收藏夹流量和直接访问流量足够大时，就算店铺的自然排名靠后，依然还是会有订单的，并且有较高的转化率。所以装修店铺是很有必要的，合理的店铺装修会给我们带来更多的流量，下面只从数据的角度去分析店铺装修。

如图 3-74 所示，在数据纵横的商铺装修页面里，我们可以看到店铺装修后带来的数据变化，虽然这个数据变化并不是完全由店铺装修引起的，但是可以作为参考。当我们查看店铺装修效果时，可以选择查看 30 天内的数据情况，这样相对会准确一些。

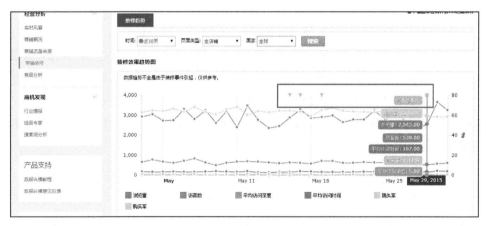

图 3-74

在装修效果趋势图里提供了 6 项可查看的数据。

我们可以通过浏览量、访客数、平均访问深度、平均访问时间、跳失率、购买率这些数据的变化来判断店铺装修的效果。图 3-74 中标注框中的倒三角形代表这个时间点上有装修事件，也就是说在这一天店铺在装修。在装修趋势图下方，还有装修数据报表，如图 3-75 所示，在装修数据报表的最后有装修事件列表，其中 N 代表没有装修，Y 代表有装修。我们也可以通过这个数据表查看每天店铺的数据变化。

装修事件数据报表							下载最近30天原始数据
日期	浏览量 ⇕	访客数 ⇕	平均访问深度 ⇕	平均访问时间 ⇕	跳失率 ⇕	购买率 ⇕	有装修事件
2015-05-31	3,275	622	5	197	58.43%	0.32%	N
2015-05-30	3,671	565	6	217	58.52%	0.35%	N
2015-05-29	2,545	539	5	167	59.54%	1.11%	Y
2015-05-28	2,324	508	5	204	61.89%	0.98%	N
2015-05-27	2,712	609	4	172	62.04%	0.66%	N
2015-05-26	3,064	617	5	178	66.87%	0.81%	N
2015-05-25	2,775	630	4	165	64.96%	1.11%	N
2015-05-24	3,249	637	5	183	63.27%	0.94%	N

图 3-75

那么，如何通过店铺装修来增加流量呢？

（1）店铺装修的第一要素就是要根据产品类型来定位店铺的风格和配色，例如，一家做商务男装的店铺，如果选用粉色系的店铺模板，就明显不合适了。一家做女装的店铺，如果既使用韩版风格，又使用欧美风格来装修，也会显得不够专业，让整个店铺看上去很突兀。所以一定要统一店铺的风格，建立店铺的视觉识别体系，从 logo、店招、海报、产品图片等方面实现统一化，这样的店铺才会有更多的店铺收藏流量和更多的直接访问流量。

（2）如果使用从装修市场采购的店铺模板，一定要把店铺收藏放到合适的位置，要让客户很容易地看到，从而可以随时收藏我们的店铺。可以在店铺的顶部、侧边栏以及底部同时设置店铺收藏栏。在店铺流量来源分析中，我们看到其中有站内搜索，这个主要是指通过店铺内搜索栏而来的流量，它是针对店铺产品的搜索，所以店铺里的搜索栏也要放在醒目明显的位置，便于客户使用。我们在选择使用付费装修模板时，要尽量选择搜索栏清晰的模板。

（3）从产品的角度来看，店内流量的转化也是非常重要的。当我们推出新款，打造爆款时，都需要实现店内流量的转化。一个好的店铺装修可以帮助我们实现流量的转化。店招在店铺中占据非常重要的位置，它会跟随买家的浏览轨迹到达店铺内的任何一个页面，我们可以在店招内添加产品超链接，这样就可以诱导客户到达我们推送的产品页面，从而带来流量。

关联营销也是站内其他流量来源之一。当我们查看产品分析页面时，如图 3-76 所示，单击流量来源按钮，就可以看到之后的流量去向。如图 3-77 所示，从中我们看到，当流量到达产品页面后，还有大一部分流失了（退出本店），这部分流量我们可以通过关联营销进行转化，使其一部分到达其他商品页面，这样可以有效增加其他产品的流量以及页面的访问深度、转化率，从而促成成交。

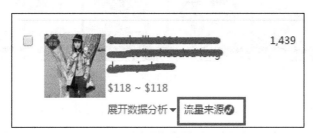

图 3-76

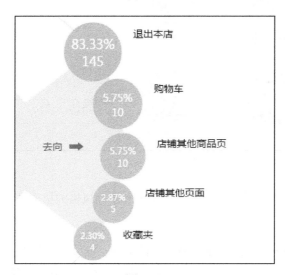

图 3-77

我们可以使用后台的产品信息模块去制作关联营销，使用这种方法比较受限制。也可以通过自定义模块用切片来实现，使用这种方法相对来说会灵活一些。大体上关联营销可以分成以下 3 种类型。

（1）同类质产品，就是相似产品的组合，例如将针织衫类产品组合在一起，如图 3-78 所示。

图 3-78

（2）搭配产品组合，例如将一件连衣裙和一件外套进行组合，如图 3-79 所示。

图 3-79

（3）差异化产品组合，例如将不同类型和不同风格的裙子进行组合，如图 3-80 所示。

关联营销模块可以放到产品详情页面的上方，也可以放在产品详情页面的底部，还可以上下都放如果放到上方，建议不要占太多的行，最好将产品控制在两行以内，避免影响客户对当前产品详情的浏览，防止跳出。

那么关联营销里面的产品如何放置效果会更好呢？我们可以通过数据纵横里的选品专家的热搜分析进行参考。如图 3-81 所示，首先我们通过行业、国家、时间选项来定位一下我们要分析的品类，这时我们可以看到其中有很多圆，每个圆代表着一个品类的名称，我们可以单击某个圆选择更具体的品类。例如单击 Bikini 品类，之后会展示出搜索详细分析，如图 3-82 所示。其中会为我们展示出 TOP 关联产品。在图 3-82 中我们可以看到，还有 5 个品类用直线与 Bikini 连接在一起，这 5 个品类就是与 Bikini 关联最密切的品类，连线越粗，代表关联性越强，那么我们就可以在 Bikini 这类产品的关联营销里加入连衣裙、上衣、包包等关联密切的产品，从而有效地增加关联营销的流量导入。

图 3-80

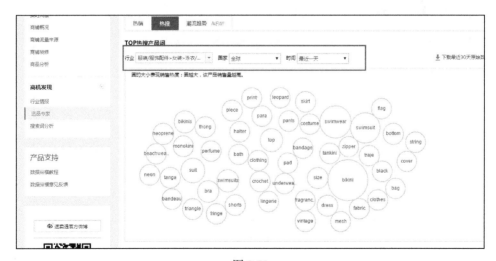

图 3-81

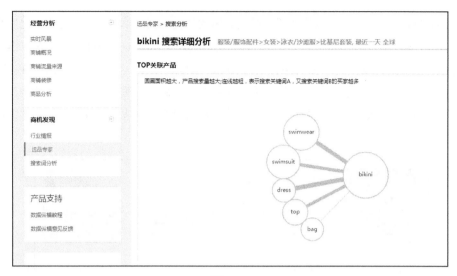

图 3-82

3.2.6 利用站内营销工具引流

如图 3-83 所示,在数据纵横里的商铺来源排行中可以看到,店铺中有一部分流量来源于活动,并且当我们举行促销活动时,这部分流量会变得很可观。

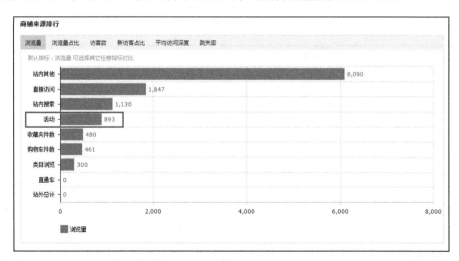

图 3-83

这部分活动流量就是来自站内的营销活动,如图 3-84 所示。

图 3-84

如图 3-85 所示，在客户端的搜索结果页面中，为参加活动的产品单独设置了通道，优惠券在客户的账户后台中也有单独展示，如图 3-86 所示。另外优惠券也有独立的分站（http://coupon.aliexpress.com/），如图 3-87 所示。所以正确设置营销活动可以有效增加店铺的流量，从而带来更多的订单。营销活动的具体设置以及使用方法会在《跨境电商营销》里进行详细介绍，这里我们只是从数据的角度进行分析如概述。

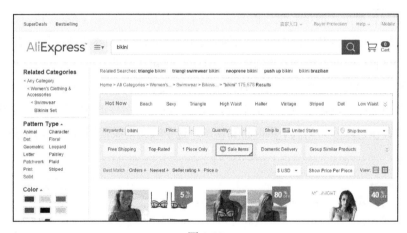

图 3-85

图 3-86

图 3-87

在数据纵横里的商品来源分析中可以查看详细数据，如图 3-88 所示。单击活动后面的图标，可以打开如图 3-89 所示的活动趋势详情页面。在活动趋势详情页面中，可以看到最长 30 天内的活动数据情况，其中时间和国家需要在商品来源分析中进行选择，如图 3-90 所示。此数据为所有营销活动的效果数据，如果想分别查看每个营销活动的效果数据，则需要单独对活动进行设置，例如，在最近 30 天只做了全店打折活动，或者在这段时间只做了限时折扣活动。这个表允许我们同时选择两个数据进行对比查看。

来源	浏览量	浏览量占比	访客数	新访客数	新访客占比	平均访问深度	跳失率	提升秘籍
总计	16,969	100.00%	4,668	4,535	97.15%	3.64	84.11%	
站内总计	16,969	100.00%	4,668	4,535	97.15%	3.64	84.11%	
站内其他	6,090	35.89%	2,385	2,300	96.44%	2.55	74.23%	店铺装修、关联营销
直接访问	1,847	10.88%	565	533	94.34%	3.27	74.61%	
站内搜索	1,130	6.66%	543	532	97.97%	2.08	75.18%	用搜索词分析提升排序
活动	893	5.26%	823	823	100.00%	1.09	93.33%	马上报名参加活动
收藏夹件数	480	2.83%	238	198	83.19%	2.02	64.43%	引导买家收藏商铺商品
购物车件数	461	2.72%	226	196	86.73%	2.04	64.61%	引导买家添加购物车
类目浏览	300	1.77%	268	268	100.00%	1.12	90.71%	选好类目，填好属性
直通车	0	0.00%	0	0	0.00%	0	0.00%	尚未开通直通车

图 3-88

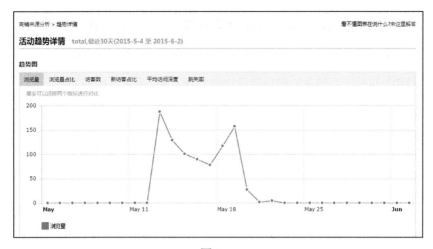

图 3-89

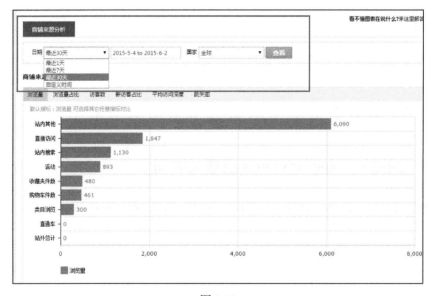

图 3-90

　　下面举例说明活动趋势图的使用方法。如图 3-91 所示，此店铺在 5 月 4 日至 5 月 16 日用一个产品做了一个限时折扣活动。在图中我们可以看到，越临近活动结束时间，店铺的浏览量越大，并且高峰期是在 5 月 14 日。活动结束后，此店铺在 5 月 18 日用同一个产品又搞了一个一样的限时折扣活动，而这次店铺的整体销量表现平平，效果很不理想。根据这个情况，店铺对限时折扣活动做了以下调整。

95

（1）缩短活动时间，由原来由两周改为一周，保证流量快速进入高峰。

（2）同款产品的限时折扣活动不能连续做，要有一定的时间间隔。

通过调整以后，店铺举行的促销活动带来的流量会有明显的增加。

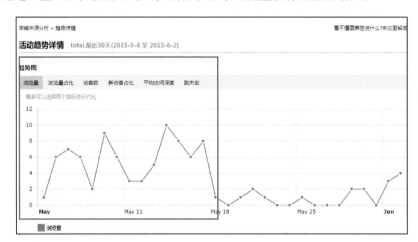

图 3-91

3.3 站外引流

3.3.1 通过 Google Adwords 获取关键词

首先打开 Google Adwords 里的关键字规划师页面，如图 3-92 所示。

图 3-92

使用某个词组、网站或类别搜索新关键字，这里以"女式服装"为例，如图 3-93 所示。

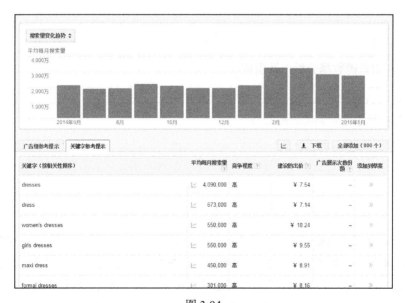

图 3-93

根据类目选择产品类别，根据客户填写国家和语言，点击获取参考提示按钮，即可得到每月搜索量的变化趋势和关键字搜索量最高的关键词，如图 3-94 所示。

图 3-94

3.3.2　站外引流的其他方法

1．站外引流概述

如图 3-95 所示，在数据纵横里的商铺来源排行中可以看到站外总计流量来源，也就是站外引流带来的流量。站外总计流量来源是指从速卖通以外的站点访问店铺的流量总和。我们在查看产品的流量来源时，也可以看到站外流量。站外引流对我们来说也是非常重要的流量来源组成部分，尤其是当平台本身流量不足时，我们就要想办法进行站外引流。

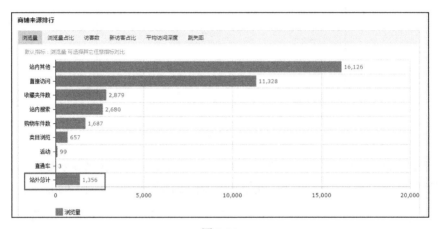

图 3-95

2．联盟营销数据分析以及引流

在营销活动中，还有一个很重要的营销方式，即联盟营销，如图 3-93 所示。它也是站外流量非常重要的组成部分。

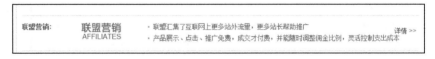

图 3-96

在营销活动里的联盟营销中单击流量报表选项，从打开页面中可以看到联盟营销给店铺带来的流量数据。在图 3-97 中我们可以查看到联盟 PV、联盟访客数、总访客数和联盟访客占比，同时也可以查看任意两组数据的对比情况。我们也可以自由选择查看时间，最长可以查看店铺半年的数据情况。

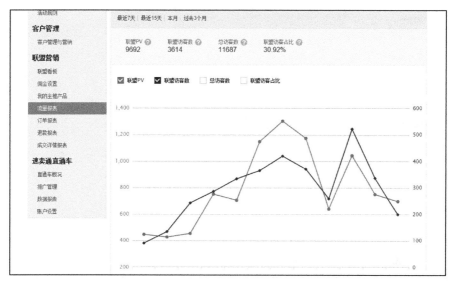

图 3-97

我们可以通过调整联盟营销的佣金设置来对应联盟 PV 以及访客数的变化，从而让引流达到最佳效果。例如，当佣金设置为 5%时，记录一下效果，可以以一个月为周期，再把佣金调整到 8%，再看一下效果，这样我们就可以从趋势上判断出是不是佣金设置得越高店铺的流量越大，从而找到最适合的佣金设置比例。

当然，我们不能因为盲目地追求流量最大化而一直提高佣金比例，佣金比例的设置要根据店铺自身的利润比来衡量。我们可以结合联盟看板里的数据进行合理调整，如图 3-98 所示。

在联盟看板里我们可以查看到点击数、联盟销售额、总销售额、预计佣金和 ROI 数据。因为我们的客户可能来自全世界 200 多个国家，在短期内可能会发生很多不稳定因素，因此我们最好通过查看 3 个月的数据来做判断，这样会相对准确一些。目前联盟看板里给出的 ROI 等于联盟下单销售额/预计佣金，对于这个数值我们往往没什么概念，我们可以用预计佣金/总销售额计算结果，查看佣金占店铺的销售额的比例。以图 1-4 中的数据举例就是：38/10580=0.0036，再将结果转换成百分比，也就是 0.36%，那么当我们计算利润的时候，把这部分加到成本里就可以，从而也就可以知道我们最多能承受多少的佣金比例设置。

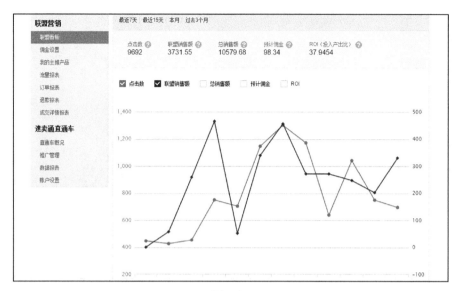

图 3-98

这样我们通过两个表的数据结合可以有效合理地设置增加联盟营销从而为店铺带来流量。

3. EDM 引流

EDM 引流，也叫电子邮件营销引流，即通过电子邮件、电子杂志的形式向客户推荐我们的店铺以及产品，从而实现引流。目前我们还不能在数据纵横里查看到采用这种方式得到的具体的数据。但是 EDM 是非常实用有效的营销手段，转化率达到 20% 左右是很常见的。EDM 营销有两种以下做法。

（1）使用平台营销活动中的客户管理与营销工具，如图 3-99 所示。使用这个工具可以向购买过店铺产品的客户发送邮件。

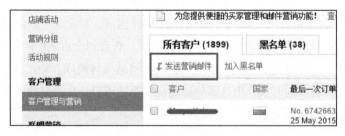

图 3-99

（2）通过站外一些专门的邮件服务器来向更多的用户（包含已有客户在内）发送邮件服务。

我们发送邮件的内容应该是推出新产品、促销、打折等能够吸引客户来店铺浏览或者关注产品的信息，为了实现最佳效果，我们在发送邮件时应该注意以下几个事项。

（1）内容要有足够的吸引力。

（2）邮件撰写需要注意以下问题。

① 邮件标题少用敏感词语。

② 少用特殊的标点符号。

③ 少用虚构的字符串。

④ HTML 代码应该简洁。

（3）定期发送，不要过度销售。

（4）保持邮件格式一致。

（5）页面设计美观，突出重点。

（6）支持退订

4．SNS 引流

SNS 引流，就是通过社交网站来增加店铺以及产品的流量。当客户浏览产品时，可以将这个产品分享到自己的社交平台。速卖通目前支持分享到 VK 、Pinterest、Twitter、Facebook、Google+这些社交平台，如图 3-100 所示。除此之外，还有 YouTube 和 Instagram 都是我们比较常用的社交网络。

我们做 SNS 引流就是要在社交平台上开通账户，通过 SNS 社交网络进行宣传推广，向客户推送我们的产品。要注意，社交网络的本质是分享，分享后被再次传播才是 SNS 的要点。我们不能只是简单地单项传播，这样往往会投入了大量的精力，却没有产生效果。

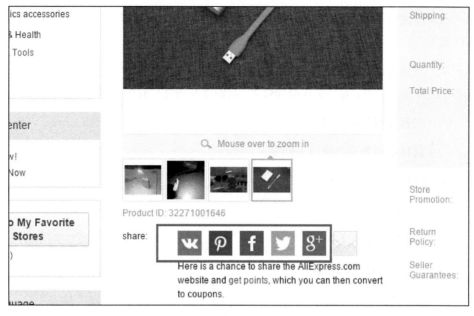

图 3-100

SNS 引流的具体实施过程应该是：

（1）接触消费者。

（2）让消费者产生兴趣。

（3）让消费者与品牌互动。

（4）促成行动。

（5）分享与口碑传播。

这里建议的具体做法是：

（1）为客户提供有帮助的内容。

（2）用心去沟通（维护品牌形象和媒体公关）。

（3）解决客户的问题。

（4）为客户建立互相沟通的平台。

（5）把产品优化放在首位。

（6）打造相关产品话题。

5. 使用 SEO 的思路引流

SEO 就是搜索引擎优化，也就是通过优化网站让百度、谷歌等搜索引擎更好地抓取网站信息，使网站排名靠前，更容易被客户搜索到。这和我们做站内的产品自然排名优化很像。当我们用 Google 搜索一个产品标题时，从图 3-101 中可以看出能够搜到来自速卖通的产品，为了显示效果，这里直接搜索了产品的标题，因为完全符合搜索标准，所以速卖通中的这款产品排在第一位。我们再搜索一些关键词，也是可以搜索到速卖通中的产品的。这也就是使用 SEO 为店铺引流的原因。

图 3-101

前面说过，我们可以把店铺看成一个独立的网站，这样我们就可以通过优化网站的思路来优化我们的店铺以及产品，从而可以达到站外引流的效果了。

SEO 是一项比较复杂漫长的工作，往往需要专业的人来做，下面简单介绍一些 SEO 的基本做法。

先来简单了解一下 SEO 的工作原理，当用户在搜索栏中搜索关键词时，搜索引擎会选取符合用户搜索需求的网站进行展示，越符合用户搜索需求的网站排名越靠前。每个搜索引擎都有自己的匹配标准。下面主要以谷歌为例，简单说一下谷歌的搜索匹配标准。

（1）要把重要的信息尽量放到店铺的首页上，也就是在首页上多放一些产品信息。

（2）要保证每个产品链接都是有效并且可以访问的。

（3）文字比图片重要，要保证标题、属性、描述中的文字信息有高度相关性。

（4）如果自定义导航，则尽量扁平化设计，不要设置太多的层级和分类。

（5）避免出现过多重复的内容，尽量保持详情页面与标题的原创性。

（6）多增加外部链接，也就是可以在社交网络、著名论坛等其他网站上适当发布产品链接广告或者店铺地址。

（7）可以去国外的收录网站提交店铺地址以及店铺信息。

（8）可以尝试做维基百科等相关权重较高的问答形网站收录。

第 4 章

数据优化与
提高点击率、转化率

本章要点：

- 数据优化与点击率
- 数据优化与转化率

4.1 数据优化与点击率

4.1.1 点击率的基础知识

点击率按照曝光方式可以分为搜索点击率、直通车点击率、平台活动点击率、站外广告点击率等，下面主要介绍搜索点击率和直通车点击率。

搜索点击率即商品在自然搜索或者类目搜索中曝光后被点击的比率，可以在店铺后台的商品分析页面中查看到，如图 4-1 所示。

图 4-1

此外，我们还可以在商品分析页面中查看商品在无线端的搜索点击率，如图 4-2 所示。

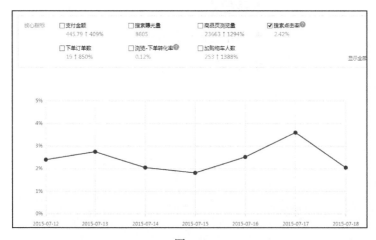

图 4-2

除了可以直接从后台查看宏观的数据，还可以通过导出的商品数据算出各个国家的点击率，如图 4-3 所示。

	A	B	C	D	E	F	G	H	I	J	K	L	M	N	O	P
1	日	国	所有	家支	家下	家支	家支	家下	浏览-T	商品	索曝	页页	页页	I-下单	搜索点击	B停-购
4	-07-09	我罗斯	TOTAL	0	0	0	0	0	0.00%	2	1,687	163	117	0.00%	3.62%	65
10	-07-10	我罗斯	TOTAL	0	0	0	0	0	0.00%	3	1,848	119	88	0.00%	2.43%	71
16	-07-07	我罗斯	TOTAL	0	0	0	0	0	0.00%	4	2,423	218	161	0.00%	2.88%	47
22	-07-08	我罗斯	TOTAL	0	0	0	0	0	0.00%	6	2,232	198	145	0.00%	3.55%	68
28	-07-18	我罗斯	TOTAL	0	0	0	0	0	0.00%	5	1,860	2,413	1,499	0.20%	2.90%	36
34	-07-17	我罗斯	TOTAL	0	0	0	0	0	0.00%	6	1,774	1,478	903	0.44%	3.53%	40
40	-07-05	我罗斯	TOTAL	0	0	0	0	0	0.00%	4	2,148	221	148	0.00%	2.92%	59
46	-07-06	我罗斯	TOTAL	0	0	0	0	0	0.00%	2	2,387	186	148	0.00%	3.12%	40
52	-07-16	我罗斯	TOTAL	0	0	0	0	0	0.00%	4	1,678	2,270	1,430	0.35%	3.40%	40
58	-07-15	我罗斯	TOTAL	0	0	0	0	0	0.00%	8	1,592	2,881	1,734	0.17%	3.42%	35
64	-07-14	我罗斯	TOTAL	0	0	0	0	0	0.00%	6	1,285	240	159	0.63%	3.73%	106
70	-07-13	我罗斯	TOTAL	0	0	0	0	0	0.00%	2	1,669	201	143	0.70%	3.28%	64
76	-07-11	我罗斯	TOTAL	0	0	0	0	0	0.00%	0	1,738	121	96	1.04%	2.16%	43
82	-07-12	我罗斯	TOTAL	0	0	0	0	0	0.00%	3	2,172	220	143	0.70%	3.23%	71

图 4-3

因为可以查看到商品的搜索曝光量和搜索点击率，所以可以算出商品的搜索点击量（包括自然搜索点击量和类目搜索点击量），即：

$$搜索点击量=搜索曝光量 \times 搜索点击率。$$

注意：商品分析中的浏览量并不是搜索点击量，它还包含很多其他来源的浏览量。

假设某个商品的 7 天搜索曝光量是 120000 次，搜索点击率是 1.2%，那么它的 7 天搜索点击量就是 1440 次，如果通过优化将它的搜索点击率提高到 3%，则 7 天的搜索点击量可以提高到 3600 次。可想而知，在该商品类目排名和自然搜索排名不变的情况下，提高搜索点击率可以大幅度提高商品的搜索点击量。如果一切正常，商品的订单量增大，则也会促进该商品的类目排名和自然搜索排名的提高，商品销售就会进入良性循环。

直通车点击率指商品通过直通车展示曝光后被点击的比率。跟搜索点击率不同的是，直通车统计的点击量是指直通车推广中产生扣费的点击。可以在直通车后台中查看全店所有推广计划的点击率、单个推广计划的点击率，以及单个推广关键词的点击率，如图 4-4 所示。

我的推广当前状态								
新建推广计划	如何新建重点推广	如何新建快捷推广	直通车诊断与优化					
状态	计划名称	类型	计划概况		曝光量	点击量	点击率	花费	平均点击花费
II	老款查访裙	重点推广	推广单元：2		27305	319	1.17%	¥70.14	¥0.22

图 4-4

可能有很多人会认为，反正直通车是按点击扣费的，点击率的高低对直通车的ROI影响应该不大。下面通过一个简单的模型来分析这个问题。

假设某款连衣裙的推广计划中在推广"dress"一词，下面将"dress"一词在不同的直通车展示位的一天的曝光量和平均点击扣费做成如图4-5所示的模型。

直通车展示排名	一	二	三	四	五	六	七	八	九	十	十一	十二	十三
日曝光量（¥）	12	12	12	12	12	9	9	9	9	9	8	8	8
平均点击扣费（¥）	1.2	1.1	1.08	1.05	0.98	0.85	0.82	0.81	0.78	0.76	0.73	0.72	0.7
直通车展示排名	十四	十五	十六	十七	十八	十九	二十	二十一	二十二	二十三	二十四	二十五	二十六
日曝光量（¥）	8	8	6.5	6.5	6.5	6.5	6.5	5	5	5	5	5	3.8
平均点击扣费（¥）	0.68	0.65	0.64	0.63	0.61	0.59	0.58	0.54	0.52	0.5	0.49	0.48	0.45
直通车展示排名	二十七	二十八	二十九	三十	三十一	三十二	三十三	三十四	三十五	三十六	三十七	三十八	三十九
日曝光量（¥）	3.8	3.8	3.8	3.8	2.7	2.7	2.7	2.7	2.7	1.8	1.8	1.8	1.8
平均点击扣费（¥）	0.43	0.42	0.41	0.4	0.36	0.35	0.37	0.35	0.32	0.3	0.27	0.25	0.23

图 4-5

假设该款连衣裙的"dress"这个词的点击率是 0.3%，我们让它处于第 10 名的推广位置，则其一天的点击量是 9000×0.3%=270 次，花费为 270×0.76=205.2 元。经过优化，把该款连衣裙的点击率提高到 1.5%，那么同样得到 270 次点击需要的曝光量为 270÷1.5%=18000 次。查看图 4-5 可以知道，我们只需要让该商品处于第 36~48 名的推广位置即可。假设在 38 名，则产生 270 次点击的扣费为 270×0.25=67.5 元。

当然，实际情况会比这个模型复杂，因为所有的数据都是动态的，但是不管怎样，提高点击率可以降低推广成本的原理是不变的。另外值得一提的是，点击率是非常重要的影响直通车质量评分的因素，提高点击率会提高直通车的质量评分，进而也可以降低平均点击的扣费。总之，直通车点击率对于直通车推广也是非常重要的。

4.1.2 影响点击率的因素

影响点击率的主要因素有商品的主图、标题、价格，卖家旺旺是否在线，曝光环境等。

影响直通车点击率的主要因素有商品的主图（原主图及创意主图）、标题（原标题及创意标题）、价格、推广关键词以及展示位的竞争情况等。

主图：客户并不是经过长时间思考后决定点击哪个商品的，而是很快地做出决定，而这个决定是根据人的目光落在哪里而进行的。好的主图能在众多的商品中吸引客户的眼球，不仅能展示商品的外形，还能传达商品的卖点、透露商品促销信息甚至品牌文化。特别是 fashion 类商品，客户大多会通过商品主图判断商品的款式是否是自己需要的。

标题：对于目标比较明确的客户，他们习惯通过标题去判断商品的特点或者属性是否符合自己的需要，然后再决定是否点击。特别对于偏标准类的商品，图片都比较类似，这时候标题就显得尤为重要。在直通车推广中也一样，一个有特色、有创意的标题能大大增加推广商品的点击率。

价格：价格是买家决定是否点击的硬性因素。很多"开"过直通车的卖家应该都有过这样的经历：有时候店铺的打折扣活动忘记设置或者没有及时跟上，商品使用原价在推广着，你会发现此时商品的点击率大大低于有折扣的时候。很多买家一看商品的价格不在自己的接受范围内，便不会去点击。当然，有时候影响点击率的不是价格本身，而是在客户眼中此刻商品的价格是相对优惠的。例如，客户会关注同一个页面中其他商品的价格、折扣率是多少。此外，99 美元与 100 美元给客户的感觉肯定也是不一样的。在速卖通中，我们不必刻意调整价格制造这种效果，因为在不同的国家，买家会把价格单位设置成本土的货币单位。

4.1.3　如何优化影响点击率的因素

点击率的优化没有绝对有效的方法，所有的优化方案都得通过后续的数据表现来检验。由于商品的点击率受主图影响最大，因此，美工在点击率的优化工作中起着非常重要的作用。而数据分析主要在标题优化、效果检验等环节发挥作用。接下来介绍几种优化点击率的思路和检验方法。

1．主图优化提高点击率

主图优化主要从图片背景以及图片主体两个方面来进行。

图片背景可以分为自然背景和处理背景。

自然背景即在自然环境中拍摄出来的背景。为商品配上合适的自然背景，可以起到渲染氛围、引人联想、提升格调的效果。例如复古风格的饰品、钱包或者鞋子，可以以复古风格的桌子为背景，再配上一些复古风格的道具，这样可以很直观地把商品的风格传达给客户。但是如果自然背景选择得不好，则可能会造成喧宾夺主、降低商品档次、让客户对产品产生误解等负面影响。

自然背景的优化可以从背景颜色、清晰度、风格等方面入手。若自然背景的颜色与商品的颜色色系相同且明暗程度接近，则会给人一种模糊的视觉感受，这样的图片很容易让买家忽略商品。如果商品和背景都是暗色的，那么在拍摄时我们要小范围地打光到商品上，这样会让商品较亮，背景较暗，起到突出商品的效果。当然也可以更换自然背景或者在同一场景下更换该款商品的其他颜色作为主图。背景内容的清晰度也是需要注意的。如果背景颜色与商品颜色比较接近，则建议将背景虚化。如果背景颜色比较浅，而商品颜色比较深，则建议保证景深范围内的内容具有较高的清晰度。自然背景的风格的选择也非常重要。例如小清新风格的连衣裙放在商务、严肃的背景里，会让客户误解。将春季新款外套放在冰天雪地的背景中，会让客户以为此款商品是加棉的冬款外套。特别是 fashion 类的商品，都会有一定的风格，例如运动、活泼、清新、复古、温暖等，我们在制作主图的时候一定要注意背景的风格与商品的风格要一致。

与自然背景相对的是处理背景。最常见的处理背景就是白色背景，以及渐变色背景、纯色背景或者其他经过后期处理制作出来的背景。对于偏标准类商品，如果用黑色或者灰色的渐变色作为背景，会让主图更有科技感，从而衬托出商品的价值感。对于偏 fashion 类的商品，要注意背景的色系是否与商品的风格保持一致。例如，夏季商品配上清爽一点的背景色更容易引起客户的注意。而对于冬季商品，使用暖色的背景更能营造舒适温暖的感觉。女童服装配上粉嫩、欢快的背景会给商品添加活泼、可爱的感觉。而男士服装用深色背景则更能显得深沉、稳重。背景优化的方向有很多，需要根据实际情况去选择。

图片的主体即我们需要呈现的商品本身。商品呈现的方式是多种多样的，可以使用模特图、方法图、展示图、局部图、细节图，也可以使用电脑合成效果图。一般来说，主体呈现方式的选择要重点考虑商品的卖点。下面通过以下几个例子来说明。

如图 4-6 所示，左边这张图只是展示出丝袜的穿着效果，右边这张主图却能告诉客户这款丝袜是弹力十足的，从而反映了商品的材质较好。

如图 4-7 所示，左边这张主图只能展示出这款棉鞋的外形，右边这张主图却能让客户知道到这款棉鞋的内里有很厚的绒毛，更能迎合买家对鞋子温暖程度的需求。

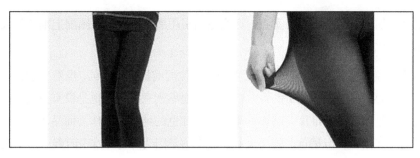

图 4-6

图 4-7

如图 4-8 所示，左边这张主图展示的仅仅是手套的外形，但是右边这张主图却可以告诉客户这款手套即使是刺猬也是刺不穿的。另外，很多客户买保护手套就是为了养宠物的时候使用，这张主图迎合了这部分买家的需求。

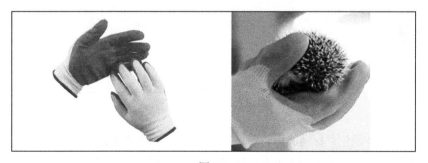

图 4-8

因此，我们对商品的卖点一定要有全面、客观的认识。对于 fashion 类商品，商品的款式尤为重要，所以此类商品的主图要能很好地展示商品的款式特点，那么模特图或者展示图会比较适合此类商品。对于功能性的商品，除要展示外形外，还得让客户了解商品的功能特点，那么使用过程图、展示图配上细节图或者局部图会比较适合此类商品。如果商品的材质是卖点，那么主图采用展示图、模特图配上细节放大图或者细节图会比较好。

前面所说的优化方案都是在保证点击有效性的前提下提出的。虽然创意在主图优化中非常重要，但是不顾点击的有效性而盲目地靠创意搏点击也是没有意义的，因为此时损失的是流量的精准度。例如你用一张大红色的纯色图片作为商品主图，也许会获得很高的点击量，但是点击的买家可能更多的是因为好奇。这个时候就需要我们把握好这个尺度，在点击率与有效性之间找一个效益最高的平衡点。

就如前面所说，主图的优化没有绝对有效的方法，要根据历史数据反馈、竞争环境、商品特点等实际情况来选择具体的优化方案，优化之后还要测试。主图测试一般用直通车来测试，特别是在新品没有搜索流量时，利用直通车推广可以快速获得大量的曝光，点击率高低也能很快见分晓。

在直通车推广中可以设置两张创意主图，可能有的卖家会设置两张创意主图同时测试。但是我不建议这么做，原因有以下两个。

（1）两张主图很难做到均衡曝光。在实际操作中，很多卖家不知道如何去合理分配两个创意标题中的关键词，很可能会出现如图 4-9 所示的情况：一个主图已经得到了充分曝光，另外一个主图的曝光量却很少，那么统计出来的数据就没有参考意义了。

创意图片	创意标题	曝光量 ↓	点击量 ↓	点击率 ↓	花费 ↓	平均点击花费 ↓
		11235	60	0.49%	￥35.1	￥0.59
		94	0	0%	￥0	￥0

图 4-9

（2）点击率受创意标题的影响较大。我们知道，除主图外，标题也会影响点击率。另外，创意标题还会影响到买家搜索哪些关键词的时候会对应展示哪一个创意主图。然而不同的关键词，其点击率也是不相同的。例如某创意主图 1 对应的标题是 Vintage dress（在实际中，创意标题可能比较长，此处为了举例，简单处理了），主图 2 对应的创意标题是 Lace dress，而 Lace dress 这个词的点击率本身就比 Vintage dress 要高 10%左右（见图 4-10），这样测试出来的主图点击率自然也很不准确。除此之外，关键词与主图内容的匹配度也会影响点击率，具体原因将会在后面解释。总之，设置两张创意主图同时测试的方法是不可取的。

图 4-10

总结一下，我们利用直通车测试商品主图的时候，要尽量利用直通车创造类似自然搜索和类目搜索的曝光环境。其中有几个需要注意的要点：（1）尽量全面地设置关键词，设置合理的出价，避免曝光量集中在某一两个大流量词的情况；（2）建议开启商品推荐投放功能；（3）使用单一主图推广；（4）测试周期与时间无关，只与曝光量有关。

提示

> 我们知道，速卖通平台对主图有严格的要求，例如不能是太复杂的拼图，不能加一些杂乱的文字，这对商品主图的创意发挥产生了很大的限制。但是这个限制在直通车的创意主图中却可以解除。虽然创意主图可以从商品的 6 张主图中选择，但是也可以让创意主图不在主图里展示。具体的操作方法如下：可以将直通车创意图片先上传到主图上，然后再将图片设置为直通车创意主图。设置好之后，再回到商品编辑页面，把不需要展示在主图中的图片去掉，这时候你会发现创意主图还在。

2．优化标题提高点击率

前面介绍了优化主图提高点击率的方法，下面介绍优化标题从而提高点击率。

要想知道如何提高点击率，首先得知道标题具体是如何影响点击率的。一般来说，商品的标题主要从以下这 3 个方面影响点击率的。

（1）标题本身的吸引力。这个比较好理解，就是买家在他的搜索结果界面里看到我们的标题后，到底有没有被标题吸引而产生点击进去深度浏览的兴趣。

（2）标题中包含的关键词。我们知道，商品的标题在搜索排序规则中所占的权重是非常大的，也就是说，标题会在很大程度上影响商品的曝光量。说得通俗一点，也就是标题可以在很大程度上决定我们的商品会出现在哪些关键词的搜索结果里，如果我们的商品总是在一些点击率非常低的关键词的搜索结果里曝光，那么商品的整体点击率也会比较低。在直通车推广中，创意标题也同样会影响曝光量。

（3）标题与主图的匹配度。例如，某款复古蕾丝连衣裙，其主图突出的是蕾丝的花型，然而大量的曝光却集中在 "Vintage dress" 关键词页面中，在这样的情况下其点击率肯定不会高。在直通车推广中，两个创意标题与各自的创意主图的匹配度更是非常重要的。

针对这 3 个方面，我们可以做一些优化工作。

在买家的搜索结果有 list 和 callery 两种展示方式，在 list 展示方式中，全部的标题都可以展示出来，然而在 callery 展示方式中，只能展示两排约 60 个字符（不同的浏览器会有略微差别）。也就是说，在买家搜索结果页面里展示的内容是有限的，我们能做的就是尽量用有限的字符去吸引买家。可以把商品不易用图片表达出来的卖点放在标题的前面，例如 5XL、12 colors 等；可以放店铺或商品的促销信息，例如 with nice gift、get $3 coupon、discount only today 等；还可以放商品的优势，例如 ship from USA、999 Deals Sold 等。除了这些，还可以用一些有创意的内容提高点击率。笔者曾经修改了一款棉袄的标题，把前面部分改为 "Hot hothot hothothot!!!"，结果点击率大增。

虽然标题里包含的关键词会影响商品的点击率，但是在这其中我们能够操作的空间并不大。因为标题的关键词的选择以及关键词的组合方式跟产品的自然搜索排名关系密切，为了提升点击率而盲目地更换高点击率的关键词是得不偿失的。

标题与主图的匹配度是一个容易被忽略的问题，与其说标题与主图的匹配，不如说是主图与曝光关键词的匹配。在一个商品已经有了一定的数据积累后，是不适合去轻易更改它的标题的。所以在优化点击率的时候，我们得让主图向主要曝光的关键词去靠拢。

　　主要曝光的关键词可以在商品分析处查看，从中我们可以看出某件商品主要的曝光关键词和浏览关键词，从而可以算出这些关键词的点击率。我们可以制作出类似如图 4-12 所示的点击率表格。如果出现类似情况：lace dress 的曝光量很大，点击率却很低，然而这个词本身算比较精准的关键词，则一般都是主图与该关键词不匹配。我们可以尽量让主图向关键词去靠拢。提升了主要曝光关键词的点击率，商品整体的浏览量也会大大提高。

图 4-11

搜索词	summer style	lace dress	women dress	summer dress	vestidos	summer dress 2015	sexy dress	women summer dress	vintage dress
曝光量	11560	9431	5603	4998	4983	4144	3982	2973	1982
浏览量	178	143	102	132	112	98	86	92	83
点击率	1.54%	1.52%	1.82%	2.64%	2.25%	2.36%	2.16%	3.09%	4.19%

图 4-12

　　在直通车推广中，主图与关键词的匹配工作会变得更容易，因为我们可以通过调整创意标题来控制买家在搜索某个关键词时展示出来的是哪一张主图。下面举一个最简单的模型来说明这个问题。

　　我们可以用前面说到的测试主图的方法，去测试每张主图的整体点击率，同时也可以统计出这张主图对应的各个关键词的点击率并整理成如图 4-13 所示的表格。这个表格可以成为我们给创意主图设置创意标题的依据。在上面的例子中，创意主图 1 对应的标题可以设置为"…summer style vintage dress 2015…"，创意主图 2 对应的标题可以设为"…sexy lace dress…"。

	summer style	lace dress	women dress	summer dress	summer dress 2015	sexy dress	women summer dress	vintage dress
点击率-原主图	0.25%	0.22%	**0.29%**	0.32%	0.35%	0.18%	0.26%	0.42%
点击率-创意主图1	**0.36%**	0.35%	0.25%	**0.42%**	**0.48%**	0.32%	**0.35%**	**0.88%**
点击率-创意主图2	0.29%	**0.58%**	0.26%	0.35%	0.41%	**0.42%**	0.33%	0.43%

图 4-13

实践是检验真理的唯一标准。跟主图的优化一样，标题优化之后也得通过检验。在此还是建议读者用直通车来检验，而不是直接修改商品的标题。注意，要在主图不变的情况下，把新的标题设置成创意标题，再观察该创意的点击率。

前面从主图、标题的角度介绍了提升商品点击率的思路及方法，同时我们也应该定期关注全店的点击率，具体操作步骤如下。

（1）下载商铺核心指标分析表，如图4-14所示。

图4-14

（2）在分析表的"曝光次数"与"浏览量"之间增加一列"点击率"，并输入公式"=浏览量/曝光次数"，如图4-15所示。

图4-15

（3）使用自动筛选功能，得到各个维度的点击率数据。

① 在将国家选择"全球"，平台选择"WIRELESS"时，可以统计在指定时间范围内无线端点击率的平均值。当平台选择"PC"时，可以得到PC端在指定时间范围内的点击率平均值，还可以做出趋势图（见图4-16）。这些数据对于无线端店铺运营有重大的参考意义。

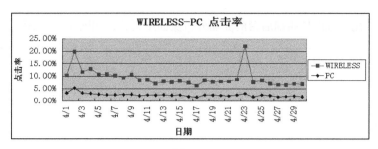

图 4-16

② 将平台选择 "TOTAL"，然后把国家分别选为各个国家，例如俄罗斯、巴西、美国等，则可以得到各个国家在指定时间范围内的平均点击率。一般来说，点击率越高，说明我们的商品在这个国家中的受欢迎程度越高。此外，还可以做出各个国家的点击率趋势图，如图 4-17 所示。点击率趋势图可以用来分析一些宏观因素对某个国家的点击率的影响。

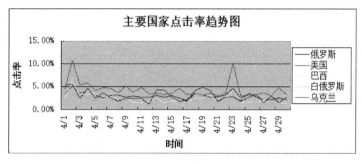

图 4-17

总之，点击率优化在店铺运营中是非常重要的。虽然很多时候我们可能需要用美工去解决问题，但是一定也要用数据运营的思维去分析、判断、检验以及系统地匹配和规划。

4.2　数据优化与转化率

4.2.1　转化率的基础知识

转化率可以分为单品转化率和店铺转化率。

单品转化率可以从店铺后台的商品分析页面中查看，如图 4-18 所示。

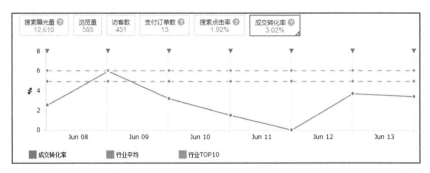

图 4-18

我们除可以看到全店的成交转化率外，还可以通过店铺后台导出的数据查看 PC 端和无线端以及不同国家的流量和下单转化率，如图 4-19 所示。

B	C	D	E	F	G	H	I	J	K	L	M	N
国家	所有平	家支付	家下单	买家支	家支付	家下单	浏览-下	买商品	搜索曝	品页浏	品页访	浏览-下单转
白俄罗斯	TOTAL	0	0	0	0	0	0.00%	0	129	5	4	0.00%
白俄罗斯	TOTAL	0	0	0	0	0	0.00%	2	237	16	12	0.00%
白俄罗斯	TOTAL	1	1	43.79	1	1	50.00%	2	137	18	11	9.09%
白俄罗斯	TOTAL	1	1	43.79	1	1	100.00%	1	129	13	11	9.09%
白俄罗斯	TOTAL	0	0	0	0	0	0.00%	1	141	172	113	0.00%
白俄罗斯	TOTAL	0	0	0	0	0	0.00%	1	136	155	85	0.00%
白俄罗斯	TOTAL	0	0	0	0	0	0.00%	0	152	10	10	0.00%
白俄罗斯	TOTAL	0	0	0	0	0	0.00%	1	175	192	128	0.78%
白俄罗斯	TOTAL	0	0	0	0	0	0.00%	0	174	274	161	0.00%
白俄罗斯	TOTAL	0	0	0	0	0	0.00%	1	128	28	21	0.00%
白俄罗斯	TOTAL	0	0	0	0	0	0.00%	1	175	21	11	9.09%
白俄罗斯	TOTAL	0	0	0	0	0	0.00%	1	139	15	11	0.00%
白俄罗斯	TOTAL	0	0	0	0	0	0.00%	0	198	22	17	0.00%

图 4-19

店铺转化率可以从店铺后台的商铺经营情况页面的商铺经营 GMV 看板中查看，如图 4-20 所示。

图 4-20

4.2.2　影响单品转化率的因素有哪些

影响单品转化率的因素有很多，可以归纳为流量、商品本身以及客服跟进这 3 个方面。

流量方面：其中，宏观角度的影响因素为不同流量来源的占比，例如 PC 端/无线端流量的占比、不同国家流量的占比、搜索流量/活动流量的占比。微观角度的影响因素为流量的精准度。

商品本身方面：其中包括价格、物流方案、销量、评价、产品描述、售后服务等因素。

客服跟进方面：客服的服务会影响客户的咨询率、下单率和付款率，进而会影响单品的转化率。

除此之外，品牌影响力、老客户黏度、关联营销等也会影响转化率，这些因素会在后文中具体阐述。

4.2.3　如何优化影响单品转化率的因素

1．优化流量提高转化率

单品转化率的诊断得先分析流量。

案例：某款商品在近期转化率突然下降，我们可以先分析其流量结构。

打开该商品的流量来源分析页面，如图 4-21 所示，从此商品的来源趋势中可以发现，从 6 月 4 日开始，其中的直接访问流量占比突然增大到 80.45%。

再查看直接访问流量的转化情况。下载商品来源分析中近 30 天的原始数据，如图 4-22 所示，可以发现在直接访问流量的去向中，进入下单页的只有 0.48%。然而来源于直通车、本店以及站内其他的流量，进入下单页的占比分别为 1.44%、1.33%及1.35%。通过对比可以确定该商品转化率下降的主要原因是直接访问的流量占比增大。

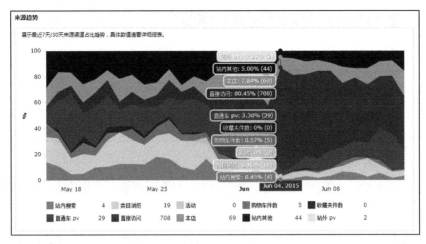

来源趋势

展示最近7天/30天来源渠道占比趋势,具体数值请看详细报表。

活动: 0% : 0.23% (2)
站内其他: 5.00% (44)
本店: 7.84% (69)
直接访问: 80.45% (708)
直通车 pv: 3.30% (29)
收藏夹件数: 0% (0)
购物车件数: 0.57% (5)
站外: 0% (0)
类目浏览: 2.16% (19)
站内搜索: 0.45% (4)

站内搜索	4	类目浏览	19	活动	0	购物车件数	5	收藏件数	0
直通车 pv	29	直接访问	708	本店	69	站内其他	44	站外 pv	2

图 4-21

日期	访问来源 名称	当前页面 带来浏览	占比	到下单页	占比	到购物	占比	到收藏	访问 占比
7天合计	总计	1,303	100.00%	13	1.00%	26	1.94%	21	1.57%
7天合计	直接访问	628	48.20%	3	0.48%	9	1.41%	9	1.41%
7天合计	直通车	209	16.04%	3	1.44%	3	1.39%	3	1.39%
7天合计	本店	150	11.51%	2	1.33%	3	1.91%	3	1.91%
7天合计	站内其他	148	11.36%	2	1.35%	5	3.23%	3	1.94%
7天合计	类目浏览	85	6.52%	1	1.18%	3	3.45%	2	2.30%
7天合计	站内搜索	55	4.22%	1	1.82%	2	3.51%	1	1.75%
7天合计	购物车件数	23	1.77%	1	4.35%	1	4.35%	0	0.00%
7天合计	收藏夹件数	4	0.31%	0	0.00%	0	0.00%	0	0.00%
7天合计	活动	1	0.08%	0	0.00%	0	0.00%	0	0.00%

图 4-22

针对这种流量来源骤变导致转化率下降的情况,我们得根据具体原因来决定下一步的动作。例如此案例的实际情况是:直接访问流量突然增大是因为该店铺在 YouTube 上做了一个推广视频,并且在视频下面放上了该商品的链接(注:客户通过 YouTube 这种视频网站直接点击链接访问商品会被计为直接访问,而不是站外访问)。我们知道,一般来说,站外推广的转化率会比站内推广低很多。

该商品由于做了站外推广导致拉低了店铺整体的转化率,这也属于正常情况。如果要在此基础上提高转化率,就得要再具体优化我们的推广策略。例如在阿里巴巴中买家较多的论坛上进行定向推广,针对站外客户做一些促销活动;如果是在谷歌上投放广告,则还可以具体调整关键词的出价及投放区域来保证流量的精准度。

除站外推广会拉低店铺整体的转化率外,一些活动、直通车推广也有可能会拉低店铺整体的转化率。

如果我们发现拉低店铺整体转化率的原因是近期参加的平台活动转化率很低，则不必急着去修改详情页或者降价，而应该针对这次平台活动进行分析。一般来说，参与平台活动的商品价格会比平时低，所以转化率低不会是价格的问题，最大的可能是参加活动的商品的库存问题。例如参加抢购活动的商品库存较少，商品售完后仍然有大量的访客进来。也有可能是因为参加活动的商品的 SKU 库存量设置不当，导致大量客户流失。

如果发现拉低店铺整体转化率是因为直通车流量的转化率很低，那就得具体分析直通车流量的精准度。这就是前面所说的从微观角度去诊断。

例如某件商品由于近期开始用直通车推广，因此直通车带来的流量占比很高。打开直通车后台的关键词报告页面，如图 4-23 所示，从中可以发现 85.48%的点击集中在 "dress" 一词，这与我们精准引流的原则是违背的。针对这种情况，我们得调整关键词出价，例如对精准的关键词进行加价，对宽泛的关键词降低出价。

图 4-23

除从关键词的角度去优化直通车流量的精准度外，还可以从投放国家的角度去优化直通车流量的精准度。例如某款专为巴西市场准备的连衣裙，由于款式比较适合巴西买家，而且巴西买家在连衣裙类目的流量中占比较大，理想中的流量占比应如图 4-24 左图所示。然而经过几天的直通车推广，查看该商品的 TOP 访客地区数据后却发现，其 TOP 访客地区情况如图 4-24 中右图所示。现在的直通车推广暂时还无法设置在指定的区域中投放，但是可以通过控制推广的时段来修正各个国家访客的占比。我们知道，巴西时间比北京时间慢 11 个小时，如果出价不当，不小心造成在北京时间 17 点的时候该推广计划就已经达到了限额以至于无法继续推广，而此刻还只是巴西时间的早上 6 点，也就是说，在巴西买家刚睡醒还没开始购物的时候，我们就已经停止推广了，那么这必然会造成推广流量极其不精准。针对这种情况，我们需要做的就是手动控制推广时段、调整出价，或者从关键词入手，主推巴西买家的搜索词（注：国家分站中的直通车推广并不是直接在直通车里推广小语种关键词，具体方法在此就不说明了）。

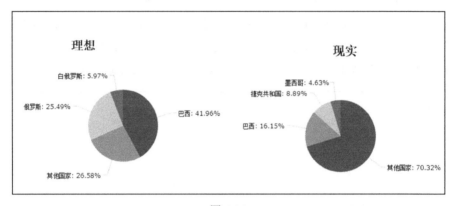

图 4-24

除需要从关键词角度关注直通车流量的精准度外，商品的主图也会在很大程度上影响流量的精准度，进而影响到商品的转化率。

如图 4-25 所示，从该商品的主图中可以看出这款裙子应该比较宽松，进而可能会让客户联想到这款裙子的尺寸可能比较大。相信此张主图会吸引很多体型较大，体态丰腴的客户点击进来。然而当客户点击进来后发现该商品的尺码最大仅为 XL，从而会导致客户大量地流失，该商品的转化率自然很低。

其实商品主图对转化率的影响与关键词对转化率的影响的原理是一样的。主图透露的信息越精准，越能够排除一些目标客户群之外的客户。我们在设计商品主图的时候应该让主图正确引导客户。

图 4-25

2．优化商品提高转化率

前面讲的是如何从流量的角度去诊断及优化转化率。完成了这项工作，接下来要做的就是从商品的角度去优化转化率。

买家点击进入商品详情页后，影响其购买的因素有很多。商品描述方面的影响因素主要有详情页设计和文字描述；价格方面的影响因素有定价策略和促销手段；服务方面的影响工作有物流方案、尺码模板、售后服务政策及增值服务；反馈方面的影响工作有累计销量、近期销量、历史成交价格、买家评价、评分等。

入行较早的卖家应该都知道，以前速卖通平台里面的爆款大多只有一两张图片，而且清晰度不高，更谈不上有多么优美的文字描述。可能有人会说，Amazon、ebay 这些比较成熟的 B2C 网站里的商品图片都是非常简单的，所以我们迎合了买家的购物习惯，简单的图片更能提高商品的转化率。再看今天，在速卖通平台上几乎已经看不到以一两张商品图片作为详情页的了，取而代之的是具有传递价值、介绍卖点、建立信任、引导购买等营销功能的商品详情页。

由于目前能够看到的数据非常有限，我们无法得知买家的具体浏览数据，例如在哪一屏买家会快速滚动页面直接跳过，在哪一屏买家会集中直接退出页面，在哪一屏买家会决定购买商品。所以在优化详情页的时候，我们只能够通过主观经验去排查及优化，然后再通过后续数据的表现来检验优化效果。

大部分卖家在检查详情页的时候最关注的是详情页的美观度和完整度，例如图片是否清晰、排版是否整齐、画面是否具有美感等，或者是否缺少细节图、模特图、场景展示图。但是这些都是表象的，一个详情页真正的灵魂是它的营销功能。

我们可以根据 AIDMA 模型去规划详情页布局。结合速卖通买家购物的实际行为，可以提炼这么一个说服逻辑：引起兴趣，留住客户→提升兴趣，确认需求→建立信任，消除疑虑→促进成交，关联需求。

电商行业一直有一种说法，如果电子商务网站的打开速度超过 3 秒，就要尽可能地调整页面的渲染顺序。然而在买家购物过程中，很可能这个时间会更短。如果在短时间内页面没有打开或者打开后没能吸引住客户，客户很可能会立马关掉页面，毕竟摆在客户面前的同类商品有很多。我们要做的是尽可能地去测试商品页面在目的国家或者在不同网络环境的打开速度，可以通过技术手段，也可以直接调查国外的买家来完成。如果页面打开时间过长，则要精简图片或者适当降低图片的分辨率。

当客户比较顺利地打开页面后，我们需要考虑的是他看到的内容是否能吸引他的注意力让其继续浏览。有的卖家会在详情页上方放好几屏的关联产品，有的更夸张，会放好几页的企业荣誉和资质说明，这些内容都不能很好地留住客户。

当客户继续往下浏览时，我们需要考虑的是商品的详情页是否能真正打动客户。很多卖家都喜欢把自己总结出来的商品卖点罗列到描述中去，但往往你写的卖点并不一定是买家真正需要的。

笔者曾经安排公司的美工做一个登山鞋的详情页，他们一群人拿着样品琢磨出很多卖点，例如厂家直销、真正的头层牛皮、橡胶鞋底、复古风格的鞋头、粗犷的缝线等。然后把这些卖点一一在详情页里展示出来，展示图与模特图也显得非常高端帅气。但是经过一个星期的推广测试，发现此款商品的转化率很低。于是我们重新开会研究并修改详情页。新的详情页不再去渲染这款登山鞋多么复古，多么帅气，而是加入了鞋底防滑测试、尖锐物体穿刺测试、斜面弯折测试等内容。换上新的详情页之后，此款商品的转化率果然提高了很多。因为客户真正的需求不是一双多么帅气的鞋子，而是一双能够真正保护他行走安全的鞋子。

关于卖点提炼还有一个比较典型的例子，如图 4-26 所示，该图全面展示了此款插座的外形。再看图 4-27，若再配上一些文字说明，就可以很直观地告诉客户这款插座具有防触电设计以及采用阻燃耐折材料。

图 4-26

图 4-27

关于如何迎合买家的需求去展示卖点，这里就不过多阐述了。读者可以根据产品的特点去提炼，去设计。

当买家了解到这款商品的特点满足他的需求后，很可能会在脑海中冒出这些问题：商品真的有描述的那么好吗？这家店值得信任吗？如果收到了商品发现没有描述的那么好怎么办？

在淘宝上，我们经常会在某些店铺中看到这样的文字："宝宝不喜欢，退！狗狗不喜欢，退！假一赔十！假一赔命！"有的会放上一大堆第三方检验报告、企业荣誉资质证书或者品牌授权书等；有的还会放买家的评价截图；有的甚至会把卖家的身份证和照片放上去。所有的这些都是为了告诉客户：你应该相信我们。

国外的客户也一样，特别在很多国外的客户对"中国制造"的印象还停留在低端货的情况下，面对众多良莠不齐的卖家，他们的心里充满了疑虑和不安。我们更需要拿出我们的诚意，想尽一切办法打消客户的顾虑，赢得客户的信任。

当赢得客户的信任后，我们要做的就是促成交易。按照买家的逻辑，即使他知道了你的商品是非常好的，也是值得他信任的，但是并不代表你的商品就是最好的，也许他到其他店里能找到更好的。况且，就算你的商品是最好的，他也不一定非得现在下单。所以这个时候，我们就得给客户一个理由，为什么要现在买，在我这里买还有什么好处。

这时候，我们一方面可以制造紧迫感，另一方面还可以拿出比较有杀伤力的增值服务。例如告诉客户打折活动即将结束，只有今天才会赠送小礼物，新买家可以成为我们的 VIP 客户，额外享受一年的免费更换服务。事实上可能没人愿意更换商品，因为运费太贵了，但是在买家眼里，有承诺总比没承诺的好。

详情页的优化没有最好，只有更好。以上的说服流程也无法适用于所有商品，例如一些低价值的商品。要尽可能让流程简化，让买家不用思考太多，冲动下单即可。

3. 优化客服提高转化率

前面介绍了从优化流量及商品的角度去提高转化率，而客服方面的优化也是不能被忽略的。

客服主要会影响咨询转化率和付款率。咨询转化率即在咨询的客户中，下单人数占总咨询人数的比例。付款率即付款订单数占总订单数的比例。

如图 4-28 所示，我们可以定期统计咨询客户的情况。没有下单的客户，我们可以继续跟进。已经到别的店铺购买的客户，我们可以分析原因，总结经验，提高客服能力。通过提高咨询转化率进而可以提高商品的整体转化率。

5-28日客户咨询情况（6-4日统计）					
咨询途径	买家名称	咨询商品	咨询内容	是否下单	流失原因
站内信	Dwayne mayo	HC264连衣裙	能不能给点折扣	是	
站内信	Victor Khokhryako	多件商品	能不能paypal付款	否	可能是骗子
站内信	Taraso Evgeni	未透露	到罗马尼亚多少天	否	可能对物流时间不满
站内信	Nicolas Gutierrez	LK0182雪纺衫	有没有大码	否	尺码不够大
站内信	penel kathleen	HC264连衣裙	问尺码	是	
站内信	ELENA GENNA	NIT059连体裤	想要实拍图	是	
站内信	Sergei Pilaev	HS043比基尼	问尺码	是	
站内信	Marina Tisinevich	HC262连衣裙	问质量怎么样	是	
站内信	Shalala Hasanova	未透露	要折扣	否	答应给小折扣，但还是没下单
站内信	murat Murzagali	HS028比基尼	问真实颜色是怎样的	是	
站内信	Ronnie Talker	NIT083连体裤	问薄厚	是	
站内信	Andrey Petakh	未透露	就打了个招呼，没下文	否	不知道什么情况

图 4-28

付款率也是非常值得我们关注的数据。如图 4-29 所示，支付买家数占下单买家数的比例即为付款率。

图 4-29

付款率除受汇率、支付方式影响外，受客服催款工作的影响也非常大。我们可以通过不断优化催款流程来提高付款率。例如原本使用核对地址的委婉催款方式，可以改为直截了当地问客户是不是需要折扣；原本全部使用英文沟通，可以改为针对不同国家使用不同的语言；原本只是使用邮件催款，可以尝试使用电话催款？

另外我们还需要关注付款率的变化。可以下载商铺核心指标分析中近期的数据表格（见图 4-30），并增加"付款率"一列。如果数据看起来不清晰，还可以做成图表的形式，如图 4-31 所示。

A	B	C	D	E	F	G	H	I	J	K
日期	国家	所有平台	搜索曝光	店铺浏览	店铺访客	浏览-下单转	下单买家	支付买家	付款率	近3天平均付款
2015-04-18	全球	TOTAL	54,078	1,834	989	1.11%	11	7	63.64%	
2015-04-19	全球	TOTAL	60,419	1,951	1,109	1.08%	12	9	75.00%	65.66%
2015-04-20	全球	TOTAL	71,847	2,144	1,162	1.03%	12	7	58.33%	83.33%
2015-04-21	全球	TOTAL	66,557	1,973	1,094	0.55%	6	7	116.67%	86.90%
2015-04-22	全球	TOTAL	63,313	2,128	1,109	1.89%	21	18	85.71%	91.53%
2015-04-23	全球	TOTAL	72,520	4,552	3,008	0.60%	18	13	72.22%	69.31%
2015-04-24	全球	TOTAL	65,840	1,778	1,098	1.09%	12	6	50.00%	71.51%
2015-04-25	全球	TOTAL	50,618	1,748	966	1.35%	13	12	92.31%	76.60%
2015-04-26	全球	TOTAL	74,886	2,171	1,235	1.30%	16	14	87.50%	87.02%
2015-04-27	全球	TOTAL								

图 4-30

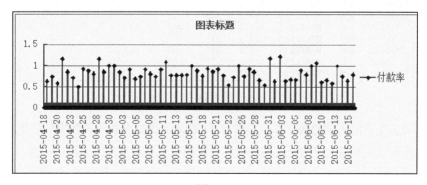

图 4-31

除可以利用后台数据关注店铺的付款率外，还可以借助第三方工具统计出单品的付款率。对付款率相对较低的商品，要重点分析原因并优化订单跟进流程。付款率的提高，会直接提高商品的转化率。

4.2.4 全店转化率的基础知识及影响因素

全店转化率可以在商铺核心指标表格里查看。如图 4-32 所示，我们可以直接看到浏览-下单转化率数据。注意，目前表格中的浏览-下单转化率并不等于下单数/浏览量，而是等于下单数/访客数。而我们通常所说的转化率等于支付订单数/访客数，所以我们可以再增加一列"支付-访客转化率"。

日期	国家	所有平台	搜索曝光量	店铺浏览量	店铺访客数	浏览-下单转化率	支付-访客转化率
2015-04-18	全球	TOTAL	54,078	1,834	989	3.34%	2.12%
2015-04-19	全球	TOTAL	60,419	1,951	1,109	3.25%	2.43%
2015-04-20	全球	TOTAL	71,847	2,144	1,162	3.36%	1.81%
2015-04-21	全球	TOTAL	66,557	1,973	1,094	1.65%	1.92%
2015-04-22	全球	TOTAL	63,313	2,128	1,109	5.68%	4.87%
2015-04-23	全球	TOTAL	72,520	4,552	3,008	2.09%	1.30%
2015-04-24	全球	TOTAL	65,840	1,778	1,098	3.55%	1.91%
2015-04-25	全球	TOTAL	50,618	1,748	966	4.35%	4.04%
2015-04-26	全球	TOTAL	74,886	2,171	1,235	3.89%	3.40%
2015-04-27	全球	TOTAL	80,174	1,914	1,161	4.13%	3.36%

图 4-32

除关注整体数据外，我们还应该关注不同板块的数据，例如 PC、WIRELESS 的转化率，如图 4-33 所示。

日期	国家	所有平台	搜索曝光量	店铺浏览量	店铺访客数	浏览-下单转化率	支付-访客转化率
2015-04-18	全球	WIRELESS	13,868	812	487	1.23%	1.23%
2015-04-19	全球	WIRELESS	16,133	866	551	2.72%	2.18%
2015-04-20	全球	WIRELESS	14,732	828	491	1.83%	0.61%
2015-04-21	全球	WIRELESS	14,610	847	477	0.00%	0.00%
2015-04-22	全球	WIRELESS	14,659	911	459	0.65%	0.65%
2015-04-23	全球	WIRELESS	14,615	2,771	2,008	0.45%	0.15%
2015-04-24	全球	WIRELESS	14,031	819	509	4.13%	0.59%

图 4-33

还要关注不同国家的转化率，如图 4-34 所示。通过分析不同国家的转化率，可以知道该商品在不同国家的受欢迎程度，为我们接下来的推广方向提供依据。

日期	国家	所有平台	搜索曝光量	店铺浏览量	店铺访客数	浏览-下单转化率	支付-访客转化率
2015-04-18	俄罗斯	TOTAL	19,933	688	330	5.45%	3.64%
2015-04-19	俄罗斯	TOTAL	21,992	702	401	4.49%	3.74%
2015-04-20	俄罗斯	TOTAL	27,843	730	400	1.50%	0.00%
2015-04-21	俄罗斯	TOTAL	26,136	719	401	1.50%	2.24%
2015-04-22	俄罗斯	TOTAL	25,135	717	380	5.53%	4.74%
2015-04-23	俄罗斯	TOTAL	29,496	1,348	868	1.73%	1.38%
2015-04-24	俄罗斯	TOTAL	27,273	643	402	1.49%	1.49%
2015-04-25	俄罗斯	TOTAL	17,102	608	317	8.52%	8.52%

图 4-34

影响全店转化率最重要的因素是单品的转化率，毕竟大多数客户都是通过单品进入我们的店铺的，客户是否会购买他所浏览的这个单品在很大程度上会影响全店的转化率。但是除前面提到的流量、商品描述及客服这 3 个方面的影响因素外，关联营销及店铺装修、老客户黏度以及品牌影响力对全店的转化率的影响也非常大。

4.2.5　如何优化影响全店转化率的因素

前面说到，关联营销及店铺装修、老客户黏度以及品牌影响力对全店的转化率影响非常大。此处不细说如何做关联营销，如何做装修，而是介绍一下如何通过指标看出我们的装修、关联营销做得到底好不好。

第一个指标是平均访问深度，即浏览量/访客数，如图 4-35 所示。一般来说，平均访问深度在 2 以上算正常，最高可达 3.5。

日期	国家	所有平台	搜索曝光	店铺浏览	店铺访客	访问深度
2015-06-07	全球	TOTAL	68,132	5,254	2,578	2.038013964
2015-06-08	全球	TOTAL	68,093	4,477	1,513	2.959021811
2015-06-09	全球	TOTAL	55,122	3,445	1,252	2.751597444
2015-06-10	全球	TOTAL	53,845	2,758	1,124	2.453736655
2015-06-11	全球	TOTAL	53,644	2,876	1,193	2.410729254
2015-06-12	全球	TOTAL	47,764	2,590	1,077	2.404828227
2015-06-13	全球	TOTAL	49,111	3,668	1,647	2.227079539
2015-06-14	全球	TOTAL	54,186	4,459	2,425	1.838762887
2015-06-15	全球	TOTAL	53,801	2,943	1,220	2.412295082
2015-06-16	全球	TOTAL	50,541	2,749	1,150	2.390434783

图 4-35

第二个指标是单品流量去向。如图 4-36 所示，在商品来源去向表中，到本店其他商品及到本店其他页面两个指标最能够说明这个商品的关联营销做得好不好。

日期	访问来源		当前页面								访问去向			
	名称	带来测	占比	到下单	占比	到购买	占比	到收	占比	到本店其他商品	占比	到本店其他页	占比
30天合计	总计	5,753	100.00%	28	0.47%	130	2.18%	83	1.39%	475	7.98%	282	4.73%
30天合计	直接访问	2,558	44.46%	15	0.57%	26	0.99%	31	1.19%	133	5.09%	144	5.51%
30天合计	直通车	847	14.72%	2	0.23%	26	2.94%	18	2.04%	119	13.48%	30	3.40%
30天合计	站内其他	708	12.31%	4	0.53%	25	3.33%	15	2.00%	59	7.86%	32	4.26%
30天合计	本店	641	11.14%	3	0.45%	14	2.11%	8	1.20%	87	13.08%	28	4.21%
30天合计	类目浏览	461	8.01%	0	0.00%	9	1.90%	6	1.27%	38	8.03%	10	2.11%
30天合计	站内搜索	304	5.28%	0	0.00%	17	5.35%	4	1.26%	20	6.29%	10	3.14%
30天合计	购物车件数	162	2.82%	2	1.15%	9	5.17%	1	0.57%	11	6.32%	15	8.62%
30天合计	收藏夹件数	63	1.10%	2	2.90%	4	5.80%	2	1.20%	6	8.70%	11	15.94%
30天合计	活动	7	0.12%	0	0.00%	0	0.00%	0	0.00%	2	28.57%	2	28.57%
30天合计	站外总计	2	0.03%	0	0.00%	0	0.00%	0	0.00%	0	0.00%	0	0.00%

图 4-36

关于老客户维护和品牌影响力，如果要从数据的角度去观测，最重要的两个指标就是回头购买率和品牌词的搜索热度。

现在在速卖通后台无法直接看出回头购买率，但是我们可以借助第三方软件来管理客户数据，定期统计回头购买率，以作为老客户营销的数据依据。

关于品牌，其实速卖通平台已经产生了很多"速品牌"的雏形。细心分析过行业搜索词的卖家应该会发现，有些搜索词并不是国际大品牌，而是平台里做得比较好的店铺的品牌词。比较突出的是电器设备行业中的某个店铺，他们的品牌词的搜索热度比类目词的搜索量还要大，可以推测他们的转化率会非常高。有心打造"速品牌"的卖家，应该密切关注品牌词搜索热度这个重要的数据。

第 5 章

店铺整体数据分析

本章要点：

- 店铺整体买家行为分析
- 店铺整体运营时间节点和内容
- 仓库动销率的概述和优化建议
- 数据纵横分析
- 直通车推广数据分析概述

5.1 店铺整体买家行为分析

5.1.1 分析买家购物时间

速卖通平台面向全球的买家，而不同的国家购物时间是不同的。一般来说，买家的购物时间主要集中在当地时间的 10:00-11:00，15:00-17:00，21:00-23:00。作为卖家，要分析我们主要的客户是哪个国家的，这样才能够分析出客户的主要购物时间。

现在以主要客户为俄罗斯的为例来介绍。莫斯科时间比北京时间晚 5 个小时，那么俄罗斯客户的购物时间主要集中在北京时间的 2:00-4:0，15:00-16:00，20:00-22:00。知道了这个规律之后，我们上架新产品的时间可集中在这几个时间段，因为新产品上架之后会有流量倾斜的。当然有人会有疑问，俄罗斯幅员辽阔，怎么只用莫斯科的时间来衡量呢？因为俄罗斯的大部分居民生活在欧洲地区，而且购买人群也主要集中在莫斯科、圣彼得堡等大城市，那么按照"抓大放小"的原则，我们应该抓住主要国家的主要购买人群。

如果主要客户是巴西的，也是用同样的方法来分析。如果客户所在的国家比较分散，那么可以按照购买国家的订单比例来调整商品的上架时间。在数据纵横中可以查看购买国家的比例分布，如图 5-1 和图 5-2 所示。

图 5-1

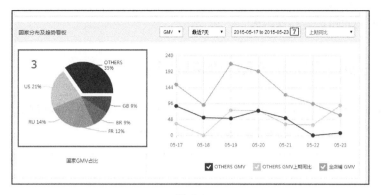

图 5-2

接下来要查看店铺在一周中哪几天的销量比较高，从而可以洞察客户的消费习惯。下面提取一家店铺的数据，如图 5-3 和图 5-4 所示。

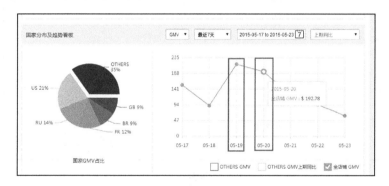

图 5-3

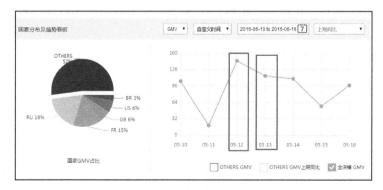

图 5-4

从图中的数据可以发现，此店铺的买家主要在周二和周三进行购买，那么我们上架产品的时间也可以定在这两天。

5.1.2 分析买家购买产品的价格区间

卖家通常需要分析店铺出售的产品价格区间，以给自己的店铺进行定位。可以在数据纵横中的商铺概况中来查看，如图 5-5 和图 5-6 所示。

图 5-5

图 5-6

如果店铺的客户一般是一个订单购买一件商品，那么就可以从客单价推算出店铺中比较受欢迎的产品价格是多少。店铺可以多上架这类价格的产品，而不要一会儿上架几百美元的产品，一会儿上架几美元的产品，这样客户群不精准，会出现客户的黏性不够，也就是店铺基本上没有什么老客户的情况。19 世纪末，意大利经济学家巴莱多发明了"二八定律"，这个定律认为"在任何一组东西中，最重要的只占其中一小部分，约 20%，其余的 80% 尽管是多数，却是次要的"。把这个定律运用到我们的店铺运营中，就是说店铺 80% 的销量是由 20% 的老客户带来的。有句话是这么说的："做一公里的深度，做一公里的宽度"。意思就是事情要做专，不要什么都做，否则到头来什么都做不好，因为一个人，一家企业的精力是有限的，如果什么都做，那么精力肯定会分配不过来的，就算是勉强分配过来，也竞争不过一门心思、勤勤恳恳专一做事的人。我们把这些道理运用到速卖通的店铺运营中，就是做自己的专长，做自己擅长的，不要看到什么赚钱就做什么，否则到头来什么都做不好。因此我们只要抓住了某一个客户群，就可以相对比较轻松地赚钱了。

5.1.3　分析买家最关注的产品特征，以及影响其购买的因素

买家最关注的产品特征是产品的质量。

中国古代第一个大商人范蠡在死之前，向自己的徒弟总结了他经商成功的两条经验，其中一条就是重视商品的质量。再好的营销，再低的价格，如果最终产品质量没有保证，任何商业行为都是昙花一现，不会长久的。没有哪家企业，哪个速卖通卖家，靠高超的营销技巧及拙劣的商品，最终能够得到消费真认可的。所以，首先要把好质量这一关，不要觉得这么低的价格，产品质量能好到哪里去呢，买家也肯定是这么认为的。其实不然，再便宜的东西，买家也是对产品有要求的。质量是任何店铺的生存之道。

影响买家购买的因素包括以下几个方面。

1. 商品图片

买家购买我们的商品，首先会看到商品的图片。千万不要轻视图片的作用，好的图片可能会带来销量，而差的图片绝对不会带来销量，除非速卖通上面只有你一家在卖，而且没有替代性，或者客户真的很需要，在其他平台上很难买到。但是现在还有

这样的商品吗？即使有也很少了。

2. 商品的价格

消费者都不傻，他们买东西的时候肯定会进行比较，一家店铺要想长久地发展，一定不要有守株待兔的思想，觉得到时候逮到一个傻买家，一个订单就赚够了。不可否认，可能会有这样的买家，但是这只是偶然事件，不能以这个作为店铺的经营方式。我们要时刻想好怎么降低成本，提高利润空间，而不是总想着提高商品的价格！降低成本有很多种方式，例如降低库存率，直接找生产厂家进货。这些都是有可操作性的，不要觉得很难，只要想办法，肯定能做成。最简单的例子就是去百度上搜索厂家的电话，然后打电话询问，多询问几次，多接触，他们就会接受你的！很多速卖通卖家都是这么操作的。

3. 店铺的服务水平

现在是花钱买服务的时代，一个服务很差，站内信 24 小时都不回复，就算回复话语也是很生硬的（一点都不友好）的店铺，买家肯定是不会再来的。总之，要把客户当上帝，把他们当朋友，因为他们是我们的衣食父母，对于父母，我们当然要真诚对待，认真对待。

4. 商品已被购买的订单数

中国人有羊群效应，外国人也有，所以一款产品如果被很多人买过了，其他买家也很容易下单。所以对于新上架的产品，可以采取设置超低折扣的方式，吸引第一批买家，也可以通过搞活动提高购买人群的基数。

5. 买家的反馈

一定要重视买家的反馈，新的买家是很看重这个的，如果一件商品有很多差评，则买家对它的第一印象就会不好，就算商品图片再漂亮，价格再有优势，也很难促使他下单。所以对于差评一定不要不闻不问，要想办法让客户改，除非客户很顽固。

6. 店铺整体装修

如果买家对店铺的整体认可度高，也会提高他们的下单意愿。就像我们进入一家实体店，如果感觉店铺装修很有档次，让人很舒心，那么第一印象就会比较好，接下来的交易就是顺理成章的。如果店铺的整体感觉让人不舒服，有一种没档次的感觉，那么买家下单的意愿就会降低，除非是抱着拣便宜的心态，不然是不会有购买的冲动的。

5.2　店铺整体运营时间节点和内容

5.2.1　营销活动匹配买家购物高峰

我们在设置店铺活动（限时折扣、满立减、店铺优惠券、全店铺打折）时，起始时间要尽量匹配买家的购物高峰时间。因为活动在开始时有搜索加权，因此可以让店铺的销量更好。

还可以把店铺活动和平台的大促活动进行同步，让平台的活动为店铺活动引流，顺势放大促销的力度。另外，卖家可以研究店铺的主要购买客户的购买高峰期，以及这些国家的节假日，设置店铺活动的起始时间。

5.2.2　掌握国外重大节日，节点营销

节假日营销是非常时期的营销活动，是有别于常规性营销的特殊活动，它往往呈现出集中性、突发性、反常性和规模性的特点。节日购物一直是假日经济中一种重要的经济模式，平台跟卖家常在节日推出各种活动，给买家营造物美价廉、机不可失的购物感受。下面我们针对速卖通平台，介绍主要购买国家的节日，卖家可以根据各国的重要节日来策划促销方案。

1. 俄罗斯节日概况

俄罗斯位于欧亚大陆北部，地跨欧洲和亚洲，国土面积为 1707.54 万平方公里，是世界上面积最大的国家。在"一超多强"的国际体系中，俄罗斯的军工实力雄厚，特别是航空航天技术，居世界前列。但是俄罗斯的轻工业落后，日常用品几乎全是进口的。其人均 GDP 为 14613 美元（此处为 2013 年国际汇率。由于 2014 年卢布暴跌造成汇率失常，故此处引用 2013 年的数据）。俄罗斯还是五个金砖国家之一。

俄罗斯的节日有很多，大致可以划分为 3 大类：第一类是国家节日，包括国际性节日、国内政治性节日，主要有劳动节、胜利节、元旦、十月革命节等；第二类是民间传统节日，大多是与民间活动息息相关的一些节日，例如圣诞节、复活节、谢肉节等；第三类是地区性、行业性的节日，包括少数民族特有的节日等。如图 5-7 所示是俄罗斯的重点节日简介。

俄罗斯节日一览表

节日名称	时间	节日名称	时间
新年	1月1日	国家主权宣言通过日	6月12日
东正教圣诞节	1月7日	哀悼日	6月22日
祖国保卫者日	2月23日	人民团结日	11月4日
宇宙航行日	4月12日	和谐和解日	11月7日
卫国战争胜利日	5月9日	宪法日	12月12日
谢肉节	复活节过后的第八周		

图 5-7

（1）元旦（1月1日）

元旦是俄罗斯一年中最为隆重，最具民族特色的传统节日，相当于中国的"春节"。俄罗斯人习惯购买新年礼物，添置节日饰物，举办家庭派对或出国旅游。枞树是俄罗斯圣诞节和新年的主要标志。与圣诞老人类似，在俄罗斯民族传统中也有一位和蔼的严冬老人。严冬老人在新年期间亮相时，身边总会跟着他的孙女雪姑娘。雪姑娘头戴俄罗斯传统珠冠，为孩子们送上祝福。俄罗斯的严冬老人与圣诞老人外观不同。圣诞老人多留着白胡子，身穿红色短外套；而严冬老身穿长及脚踝的大衣，帽檐上翻，大衣的颜色可以是红色、蓝色、绿色和冰雪的颜色。

（2）圣诞节（1月7日）

东正教圣诞节为公历1月7日，与新年元旦、俄历新年的娱乐活动交织在一起。从12月24日晚上到1月19日的洗礼节，被称为圣诞节期。俄罗斯人把圣诞节看作新年的开始，在这一天，人们聚在一起唱歌、占卜。俄罗斯的圣诞节和西方国家的风俗一样，在圣诞之夜圣诞老人会给大家送礼物。

（3）谢肉节（复活节第8周）

谢肉节又名"送冬节"、"烤薄饼周"，它是俄罗斯最热闹的节日之一。谢肉节的开始日期为每年东正教（基督教的分支）复活节前的第8周。谢肉节要持续7天，每天都会有不同的名字。第一天叫迎节日，第二天叫始欢日，第三天叫大宴狂欢日，第四天叫拳赛日，第五天叫岳母晚会日，第六天叫小姑子聚会日，第七天叫送别日。俄罗斯人在这期间会举行各种宴会和娱乐活动，例如举办化装晚会，跳假面舞、滑雪、赛马、拳击等。在假期的最后一天，人们有彼此请求原谅和扫墓的习俗。

2. 巴西节日概况

巴西即巴西联邦共和国，是南美洲最大的国家，享有"足球王国"的美誉。巴西全国面积约为 851.49 万平方公里，约占南美洲总面积的 46%，仅次于俄罗斯、加拿大、中国和美国，为世界第五大国，总人口 2.01 亿。1822 年 9 月 7 日巴西宣布独立。巴西的官方语言为葡萄牙语。

巴西拥有丰富的自然资源和完整的工业基础，国内生产总值位居南美洲第一，为世界第七大经济体，金砖国家之一，是全球发展最快的国家之一，也是重要的发展中国家之一。若以购买力平价计算，巴西国内的生产总值则达到 1.8 万亿美元。综合实力居拉美首位。巴西的经济结构接近发达国家水平，2014 年其人均 GDP 为 1.16 万美元，如图 5-8 所示。

节日	时间	节日	时间
元旦节	1月1日	亡灵节	11月2日
主显节	1月6日	基督圣体节	复活节后60天
劳动节	5月1日	神诞节	11月20日
独立英雄纪念节	4月21日	圣诞节	12月25日
国庆节（1822年）	9月7日	复活节	春分月圆后的第一个星期日
儿童节	10月12日	耶稣受难日	复活节前2天
教师节	10月13日	巴西狂欢节	复活节前47天
共和成立节	11月15日		

图 5-8

巴西的节日有很多，有宗教性的，也有非宗教性的。有些节日同葡萄牙、非洲、印第安等民族的历史渊源和宗教习俗有着千丝万缕的联系。以下是巴西的重点节日简介。

（1）元旦 1 月 1 日（国定假日）

巴西人在元旦这天，高举火把，蜂拥登山。人们举行"寻福"活动，即寻找象征幸福的金桦果。人们认为只有勇敢无畏，坚持到底的人，才能找到这种罕见的果子。新年期间，巴西各地通宵达旦举行庆祝活动。

（2）狂欢节（2~3 月，机动性的国定假日）

巴西狂欢节被称为世界上最大的狂欢节，有"地球上最伟大的表演"之称，在每年 2 月的中旬或下旬举行 3 天。巴西狂欢节每年吸引国内外游客数百万人。在巴西各地的狂欢节中，尤以里约热内卢的狂欢节最著名、最令人神往。人们在节日期间举行各种化装舞会、彩车游行、假面具宴会等。

（3）圣灵节（6月初，国定假日）。

圣灵节是起源于葡萄牙的一种民间节日，1819年首次在巴西举行，每年从6月初开始，历时10天。节日期间，人们身穿盛装，头戴以牛、鬼、小丑、海盗为主的面具，互祝幸福，年轻人则谈情说爱。

（4）圣诞节（12月25日，国定假日）

圣诞节是巴西重要的节日。自12月24日夜晚起，举国同庆，各家各户欢聚一堂，装饰圣诞树，扮装圣诞老人并互赠礼品。巴西是南半球国家，虽然12月正是炎夏季节，但是扮饰圣诞老人者仍遵循传统穿着宽大的红袍。

3. 美国节日概况

美利坚合众国（United States of America），简称美国，总面积为963万平方公里，人口为3.1亿，通用英语，是一个移民国家。美国是高度发达的资本主义国家，其政治、经济、军事、文化、创新等实力领衔全球。人均GDP为54644美元（2014年，国际汇率），是当今世界上唯一的超级大国，如图5-9所示。

美国联邦法定假日		
假日中文名	英文名	日期
元旦	New Year's Day	公元元年1月1日
马丁·路德·金日	Birthday of Martin Luther King	1月第三个星期一
华盛顿诞辰日	Washington's Birthday	2月第三个星期一
美国阵亡将士纪念日	Memorial Day	5月最后一个星期一
美国独立日	Independence Day	1776年7月4日
劳动节	Labor Day	9月第一个星期一
哥伦布日	Columbus Day	10月第二个星期一
退伍军人节	Veterans Day	1918年11月11日
感恩节	Thanksgiving Day	11月第四个星期四
圣诞节	Christmas Day	公元元年12月25日[35]

图5-9

以下是美国的重点节日简介。

（1）新年（New Year's Day）

新年是全美各州一致庆祝的主要节日之一。但在美国，新年不如感恩节或圣诞节那样热闹。美国人过新年，最热闹的是在除夕夜。除夕夜，各地教堂都举行隆重的礼拜活动。午夜 12 点整，全国教堂钟声齐鸣，乐队高奏怀旧歌曲《一路平安》，在音乐声中，激动的人们拥抱一起迎接新年到来。

有不少州举行极富地方色彩的庆祝活动，例如加利福尼亚州有玫瑰花会，是美国规模最大的新年庆典；在费城，会举行长达 10 小时之久的化装游行；还有不少州会举行元旦足球赛。

（2）情人节（St. Valentine"s Day）

情人节是西方的传统节日。这是一个关于爱、浪漫以及花、巧克力、钻戒、贺卡的节日。男女在这一天互送礼物用以表达爱意或友好。在美国，不只是成人庆祝这个节日，大多数小学和幼儿园都会在情人节这一天举办各种适合孩子的情人节活动。

（3）复活节（Easter）

复活节是基督教纪念耶稣复活的一个宗教节日。每年春分过去，第一次月圆后的第一个星期日就是复活节。如果月圆那天正好是星期日，复活节将延迟一周举行。复活节最重要的习俗是制作节日彩蛋。彩蛋和兔子是复活节的象征。传统的复活节礼物跟春天以及再生有关，例如鸡蛋、小鸡、兔子、鲜花，百合花是这个季节的象征。

（4）万圣节（Halloween）

万圣节（10 月 31 日）是西方传统节日之一。万圣节的主题是鬼怪、吓人，以及与死亡、魔法、魔怪有关的事物，人们会举行化装晚会。万圣节的象征物是南瓜灯（也叫杰克灯、杰克灯笼）。黑色和橙色是万圣节前夜的传统颜色。现在万圣节前夜的产品也大量使用紫色、绿色和红色。万圣节中一个有趣内容是"Trick or Treat"，即在万圣节前夜，孩子们装扮成妖魔鬼怪，手提"杰克灯"，跑到邻居家门前，高声喊着："Trick or Treat"，不给糖果的邻居就会遭到小孩的恶作剧。

（5）感恩节（Thanksgiving Day）

感恩节（每年 11 月第四个星期四）是美国人合家欢聚的节日。感恩节假期一般会从星期四持续到星期天。美国人在感恩节会吃火鸡，玩蔓越桔竞赛、玉米游戏、南瓜赛跑，举行化装游行、戏剧表演或体育比赛等集体活动。现在还流行豁免火鸡、黑色星期五购物等习惯。

（6）圣诞节（Christmas）

圣诞节是纪念耶稣诞辰，也是美国最大、最热闹的节日，又称耶诞节。圣诞节的庆祝活动从 12 月 24 日夜间开始，半夜时分达到高潮，这一夜被称为圣诞夜或平安夜。

在圣诞节人们会给亲友寄送圣诞卡送祝福，会扮成圣诞老人给小朋友在圣诞袜中装礼物。很多人也会戴上圣诞帽。圣诞树（Christmas tree）是圣诞节庆祝中最有名的传统之一。人们在圣诞前后把一棵常绿植物，例如松树，弄进屋里或者在户外，用圣诞灯和彩色的装饰物装饰，并把一个天使或星星放在树顶上。

5.2.3　对直通车的选词和出价进行常态化优化

卖家通过查看店铺在一周中哪几天销量比较高，就可以分析出店铺的销售峰值时段。在这个时段，我们可以调高直通车关键词出价，使得产品搜索排名靠前，从而提高产品的曝光率，把直通车推广的费用花在更容易出单的时段。同理，在客户购买率低的时段，我们可以调低直通车出价，从而节省"开车"的费用。

从图 5-10 中可以发现，此店铺的买家主要在周二和周三进行购买，那么我们可以在这个时段提高直通车的关键词竞价。

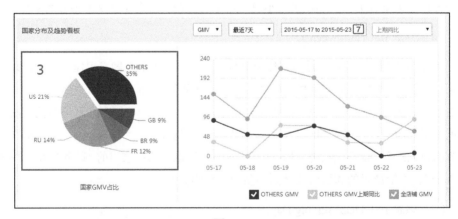

图 5-10

5.3　仓库动销率的概述和优化建议

5.3.1　仓库动销率概述

仓库动销率分为宏观和微观两种。

宏观的仓库动销率：等于动销品种数/库存的品种数×100%。其中动销品种数指的是所有商品中有销售的商品种类总数，这个指标用于评价店铺各类商品的销售情况。

微观的仓库动销率：等于单个商品的动销数/单个商品的总数×100%。其中单个商品的动销数是指某个销售产品的销售数。单个商品的总数是对应这个商品的总库存的。

5.3.2　各种动销率对应的库存优化方法

对于宏观的仓库动销率，我们就要对整个店铺的商品进行分析。我们都知道，在速卖通中有一个概念叫滞销商品（即90天内没有任何一笔交易的商品叫滞销商品），滞销商品在搜索排序中是要被降权的，从这个意义上讲，店铺的动销率越高越好。

当动销率小于 100%时，从数据的表面看，店铺内存在商品滞销的原因有很多，其中主要包括以下 4 种。

（1）品种过多，特别是同质同类品种过多。

（2）上架品种的结构有问题。

（3）不动销商品的淘汰力度不够或者与购进不成比例。

（4）不动销商品在店铺内的布局、促销的策略需要调整。

面对以上问题具体有以下几种方法来应对。

（1）加强数据分析以及对消费者的消费习惯、消费心理进行调研，根据消费者的需求适度、谨慎上架新的商品品种。

（2）重新上架不动销商品，改变不动销商品的营销策略。

（3）通过综合数据分析，如果确定某件单品在数月内动销数为零，并采取了一定的促销手段后依然无起色，就应该考虑将其下架了。

其实绝大多数商品不动销并不是商品本身的错，而是由于销售策略问题，因为它们没有被最大限度地挖掘和发挥商品的销售潜力，也就是说没有能够有效地加以利用。

5.3.3　微观的仓库动销率

对于动销率大于100%的商品，其产生的原因有以下两种。

（1）商品缺货。

（2）商品停进、停销。

针对以上这些原因，我们要进行此种商品的库存优化，缺货的要补货。如果补不到货，需要进行清货销售，并在网页上调整商品的库存数。

对于动销率小于100%的商品，其生产的原因有以下两种。

（1）商品存在滞销。

（2）存库基数太大。

对于滞销商品，需要采用相应的营销策略，对于库存基数太大的商品，要回溯找到进货的决策是否有问题。

5.4　数据纵横分析

数据纵横是速卖通基于平台海量数据打造的一款数据产品，可以通过"我的速卖通"—"数据纵横"页面查看以下几方面的内容：

- 实时风暴
- 商铺概况
- 商铺流量来源
- 商铺装修
- 商品分析

- 营销助手

5.4.1 实时风暴解析

单击"数据纵横"—"实时风暴"工具，可以看到如图 5-11 所示的页面。通过实时风暴，我们可以即时查看当天（美国太平洋时间）主营行业实时交易额排名、店铺流量和销量数据的今日及周同比数据，及时了解店铺流量变化，判断优化商品信息、调整营销活动等带来的直接效果，掌握规律，不断优化和提升。我们还可以在流量集中的时段调整客服工作时间及直通车投放时间。

这里推荐一个查看全球时区的网站：http://24timezones.com/。

注意：目前实时风暴数据是 5 分钟自动更新一次。

图 5-11

5.4.2 商铺概况解析

我们可以通过"数据纵横"—"商铺概况"这个工具来查看整体店铺的数据，例如商铺排名、商铺经营情况、商铺核心指标分析和商铺访客全球分布情况。这些数据均是使用与我们同行业同层级的卖家经营状况的平均值进行对比得出的，能帮助我们更清晰地了解目前店铺的整体经营状况。建议卖家经常关注这些数据，将自身经营状况跟同行进行对比，知己知彼，方能百战不殆。

（1）商铺排名

这部分数据呈现了我们的店铺在近 30 天内跟同行业同层级的其他卖家的总成交额对比算出的分层排名情况，清晰地反映了当前店铺的排名情况。如图 5-12 所示，该店铺在主营行业服装/服饰配件里的第四层级（月销售额为 1 万至 5 万美元）里超过了79%的同行业同层级卖家。

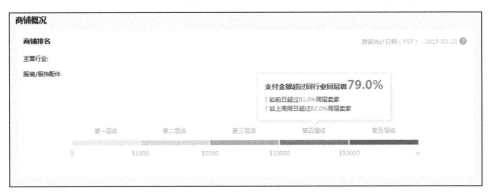

图 5-12

（2）商铺经营情况

商铺经营情况由商铺经营看板、国家分布及趋势看板、平台分布及趋势看板和联盟分布及趋势看板四部分组成。

图 5-13 展示的是某商铺的经营看板。这部分数据呈现了全店以及 APPs 成交的核心数据，按全店铺与 APPs 分开统计，可以分 7 天、30 天、自定义时间段，按全球/国家（目前支持店铺成交排名前五的国家）统计，从"上期同比""同行同层级均值对比"以及"同行下层均值对比"三个维度来对比分析数据。选好筛选范围后，也可以单击表格右上角的"下载"按钮导出 Excel 表格，方便卖家分析数据。

图 5-13

在图 5-13 的 APPs 数据解读内容里面，有以下两句话：

"无线流量获取要点：SNS、PC、无线站内，来这里解答。"

"无线转化提升要点：商品图片、商品描述，来这里解答。"

单击"来这里解答"，分别会打开卖家论坛里由速卖通无线端小二整理的关于提升无线流量与无线端转化率的"干货"帖。

图 5-13 里面的数据用一个很简单的公式解释了一个非常重要的道理：即影响店铺成交额的三大因素就是访客数（进店流量）、购买率（转化率）及客单价：

$$支付金额=访客数\times购买率\times客单价$$

访客数（UV，即 unique visitor）：指的是统计时间段内访问店铺页面或宝贝详情页的人数，为 PC 端（电脑端）访客数和 APP 端访客数之和。同时访客数会进行去重计算，例如一个买家在统计时间范围内访问店铺多次则只记为一个访客数。

购买率：等于下单买家数/商品页访客数。

客单价：指店铺每一个顾客平均购买商品的金额，也即是平均交易金额。

卖家要时常关注自己的店铺跟同行同层级卖家的对比分析，当数据有显著变化时，要及时分析背后的原因，从而有针对性地提升店铺运营。

客单价跟卖家的店铺定位有关，并不是定价越低就越好，对于一些一味地以超出合理定价之外的用低价带来销量但服务跟不上的店铺，平台会对之进行曝光、降权甚至屏蔽。而一些服务等级为优或良的店铺，会有曝光加权并得到平台更多的资源扶持，例如橱窗奖励。很多小而美的店铺，即使做的是中高端产品，销量跟排名也非常不错。速卖通平台致力于实现"好货通全球"，扶持中国好卖家，将"中国质造"推向世界。

当然，对于那些盲目提高客单价，抱着宰一单是一单的心态，认为国外的买家"钱多人傻"的卖家，其销量肯定是不好的，因为"傻"买家是极少数。

访客数与选品、店铺引流以及产品点击率等方面密切相关，在图 5-13（鞋类，红海行业）中，此店铺 7 日的访客数仅为 460，明显偏低，卖家需要反思是哪个环节太薄弱，应尽快提升店铺运营短板，提高访客数。

此店铺 7 日的购买率为 1.09%，对鞋类行业来说，也属于偏低的指标。卖家可以参考本书第 4 章来总结自身店铺的不足与强项，有针对性地进行提高和改善。

在这里需提醒卖家的是，不同行业的平均访客数跟购买率是不一样的，例如女装等红海行业，平均购买率本身就比较低，而竞争度低的蓝海行业转化率就高一些。建议卖家通过"同行同层级均值对比"以及"同行下层均值对比"两个维度来对比分析自身店铺与同行之间的差距，并设定合理的追赶目标。

（3）国家分布和趋势

这里展示了店铺主要买家来源国家情况，给卖家的特色化运营提供参考。图 5-14 所示的是这个店铺最近 7 天的 GMV 分析（国家分布和平台分布趋势看板），从中可以看出这个店铺目前主要的买家来自 GB（英国）和 US（美国），说明此店铺中的产品更受英美买家的欢迎，但同时可以发现该店铺基本没有来自速卖通的主要购买国家巴西、俄罗斯的买家。如果该店铺定位的客户群包含了这两个国家的买家，那么急需针对这两个国家的市场进行选品与引流。

单击第一栏的下拉栏列表，可以切换到访客（UV）分析，按 7 天、30 天或自定义时间段筛选数据进行多维度对比分析。

全店铺 GMV：指的是全店铺的成交金额（不包含退款金额）。

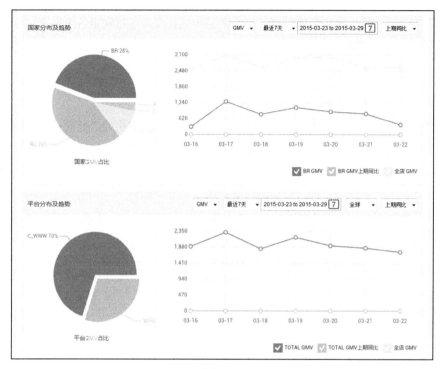

图 5-14

图 5-15 展示了店铺联盟营销的访客（UV）数据趋势。卖家可以根据自身店铺情况，分析联盟营销的投入产出比，从而适当调高或调低联盟佣金比例。

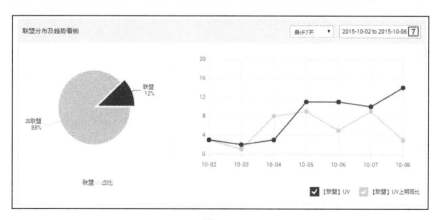

图 5-15

联盟营销：是一种按效果付费的网络营销方式，商家通过联盟营销渠道产生了订单，按照事先设定的交易比例支付佣金。

佣金是由卖家决定的，每个顶级类目有平台限额，从 3% 到 50% 不等。退款和订单折扣按比例削减佣金，运费无须支付佣金。

图 5-16 和图 5-17 分别展示了全店和 APPs 两个方面细化的店铺的核心指标、流量、交易、访客行为 4 大块的详细数据，明确了店铺的提升点。同样，这些数据可以分 7 天、30 天、自定义时间段，按全球/国家（目前支持店铺成交排名前五的国家）统计，从"上期同比"、"同行同层级均值对比"以及"同行下层均值对比"三个维度来对比分析数据。选好筛选范围后，也可以单击表格右上角的"下载"按钮导出 Excel 表格，方便卖家分析数据。

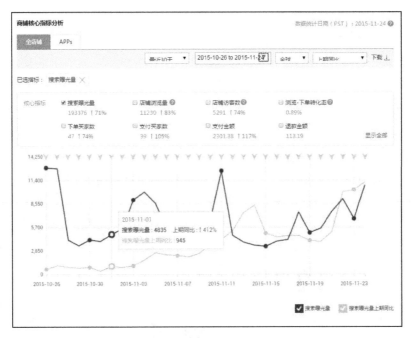

图 5-16

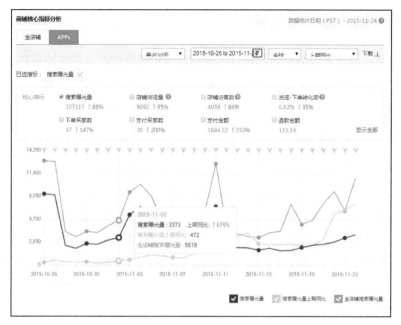

图 5-17

（4）访客地域分布

图 5-18 展示了该店铺的访客地域分布。卖家可以在这里查看所选时间段内（7 天、30 天跟自定义时间），访问店铺的买家地域分布（可按全部平台、PC 端和 APPs 端分别筛选）。方便我们根据目标客户所在的国家，选择适合销售的产品，设定和优化的物流方式，提高整体竞争力。

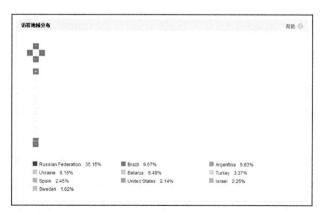

图 5-18

5.4.3 商铺流量来源分析

通过商铺流量来源分析功能可以了解到店铺中的热门商品的浏览量从哪里来又到哪里去了；这些商品如果做了活动，投了 P4P，带来了多少流量；带来的流量最终又到哪里去了。这些数据都可以在商铺流量来源分析中找到。

1. 如何查看流量来源

单击"数据纵横"—"商铺流量来源"选项，就会出现"商铺来源排行"以及"详细数据"这个页面。

在这里可以查看本店最近一段时间的流量来源渠道。单击选项栏，可以切换展示浏览量、浏览量占比、访客数、新访客占比、平均访问深度、跳失率这几个维度的数据，从而帮助我们了解店铺流量来源以及如何优化提升店铺流量，如图 5-19 所示。

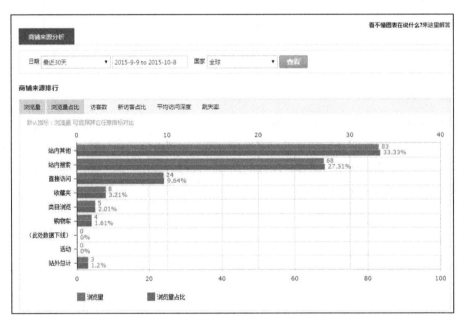

图 5-19

从图 5-19 中可以看出，该店铺存在的明显问题是店铺整体流量太低，而且没有通过直通车和活动带来的流量。而往往通过活动和直通车带来的新客户最多，对提升店铺的流量有很大的帮助。所以该卖家应学习如何引流，适当地投放 P4P 以及争取报上平台活动。

图 5-19 的数据是按柱状图展示的，对应的详细数据在图 5-20 里面，并且可以单击图表右上方的"下载原始数据"按钮导出 Excel 来进行系统分析。将鼠标光标移到趋势的小图标上，会展示渠道变化趋势，单击可以链接到该渠道的详情页面。

图 5-20 的最右边一栏中有对应的提升流量秘籍，单击这里的蓝色字体，就能链接到相关小二整理的干货帖。

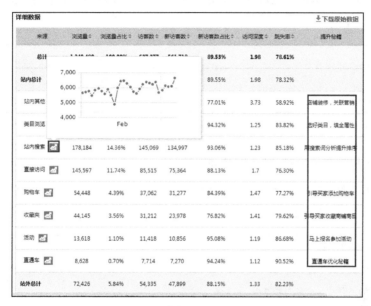

图 5-20

（1）能查看多长时间的店铺流量来源？

① 最长可以查看最近 30 天的流量来源，在下面的详细数据报表中可以查看近 30 天每个渠道的流量趋势，如图 5-21 所示。

图 5-21

② 可以通过自定义时间选择查看最近 30 天内某一天的流量情况，从而方便我们分析在某一天做了引流操作后的效果（例如设置了店铺活动，参加平台活动或者进行直通车推广等操作带来的具体某天的流量变化），如图 5-22 所示。

图 5-22

（2）能查看哪些国家的流量来源？

我们能查看店铺内浏览量位于 TOP3 的国家。如图 5-23 所示的国家是店铺中浏览量最高的几个国家。

图 5-23

（3）可以查看某个渠道的具体流量来源吗？

目前可以单击数据表格中蓝色的链接，查看站内其他 URL 详情和活动 URL 详情，如图 5-24 和图 5-25 所示。

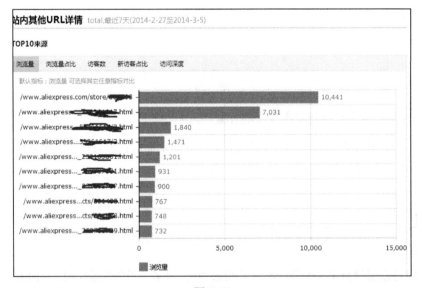

图 5-24

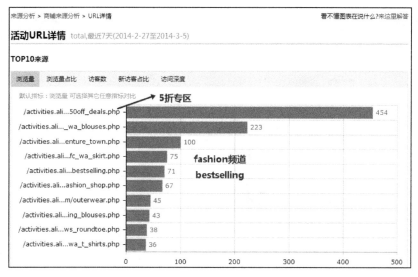

图 5-25

① 站内其他 URL 详情页面：查看站内其他 URL 详情。

图 5-24 中第一个 URL 是店铺首页，后面的是店铺分组页面带来的流量，卖家可以通过店铺装修和关联销售提升店铺的流量和转化率。

② 活动 URL 详情页面：查看活动 URL 详情。

2. 热门产品的流量来源跟去向解析

单击"数据分析"—"商品分析"—"商品来源分析"选项就可以找到如图 5-26 所示的页面。在这个页面中，我们可以查看指定商品在最近 30 天内某 1 天、最近 7 天、最新 30 天的流量来源及去向情况。可根据各来源渠道的数据，对当前表现较弱的渠道进行优化和加强。还可以根据流量去向优化商品描述信息，减少直接退出本店的流量比例。

单击图 5-27 中的"详细报表"选项，可以切换到如图 5-27 所示的详细数据报表，在详细数据报表中可以查看各渠道明细数据。单击趋势小图标可查看该渠道最近 7 天、最近 30 天流量去向趋势详情及各去向流量占比。单击右上角的"下载最近 30 天原始数据"按钮，则可以导出 Excel 表格，方便我们进行数据整理分析。

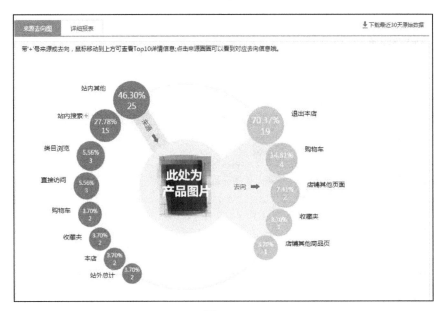

图 5-26

	流量来源				流量去向		
名称	带来浏览量⇕	到下单页面⇕	到购物车⇕	到收藏⇕	到本店其他商品页⇕	到本店其他页面⇕	退出本店⇕
总计	54 (100.00%)	0 (0.00%)	6 (10.00%)	3 (5.00%)	2 (3.33%)	3 (5.00%)	46 (76.67%)
站内其他	25 (46.30%)	0 (0.00%)	4 (14.81%)	1 (3.70%)	1 (3.70%)	2 (7.41%)	19 (70.37%)
站内搜索	15 (27.78%)	0 (0.00%)	0 (0.00%)	1 (6.25%)	1 (6.25%)	0 (0.00%)	14 (87.50%)
类目浏览	3 (5.56%)	0 (0.00%)	0 (0.00%)	1 (33.33%)	0 (0.00%)	0 (0.00%)	2 (66.67%)
直接访问	3 (5.56%)	0 (0.00%)	0 (0.00%)	0 (0.00%)	0 (0.00%)	0 (0.00%)	3 (100.00%)
购物车	2 (3.70%)	0 (0.00%)	0 (0.00%)	0 (0.00%)	0 (0.00%)	0 (0.00%)	2 (100.00%)
收藏夹	2 (3.70%)	0 (0.00%)	1 (25.00%)	0 (0.00%)	0 (0.00%)	1 (25.00%)	2 (50.00%)
本店	2 (3.70%)	0 (0.00%)	0 (0.00%)	0 (0.00%)	0 (0.00%)	0 (0.00%)	2 (100.00%)
站外总计	2 (3.70%)	0 (0.00%)	1 (33.33%)	0 (0.00%)	0 (0.00%)	0 (0.00%)	2 (66.67%)

图 5-27

在这个页面中，还可查看最近 7 天、最近 30 天各流量来源渠道的流量占比（见图 5-28）及 TOP3 访客地区（见图 5-29）。

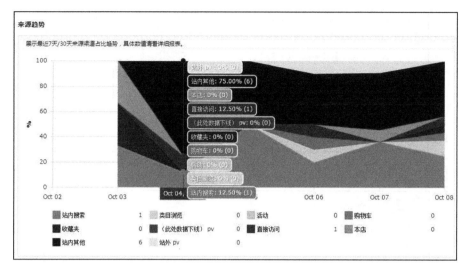

图 5-28

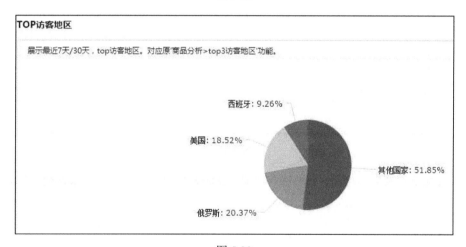

图 5-29

5.4.4　营销助手

营销助手分析可以更好地帮助卖家分析各类营销活动效果，提供活动商品必要的数据支持，提升卖家选择活动商品的效率，帮助卖家结合数据有效地选择活动与判断活动效果。通过"数据纵横"—"营销助手"这个路径，可以看到如图 5-30 和图 5-31 所示的这个页面。

图 5-30

图 5-31

单击表格最后一栏的"趋势图"选项，就能看到如图 5-32 所示的这种细分数据。

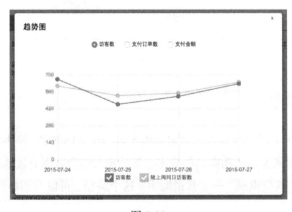

图 5-32

如果店铺成功报名参加了平台活动，则单击如图 5-32 所示的选项栏，可以切换到平台营销活动数据分析页面，如图 5-33 所示。

图 5-33

5.5　直通车推广数据分析概述

5.5.1　数据报告的查看

可以在直通车数据报告中查看数据，如图 5-35 至图 5-37 所示。

图 5-35

图 5-36

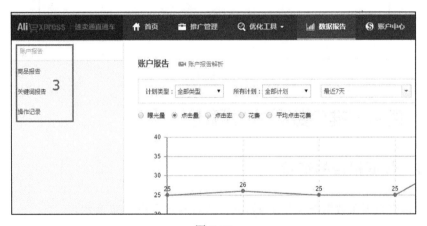

图 5-37

5.5.2　数据报告的分析

直通车的数据报告分析首先要从账户报告的曝光量、点击量、点击率、花费、平均点击率这几个数值进行分析，如图 5-38 所示。

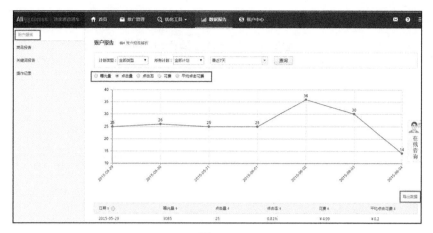

图 5-38

当很多人看到 5 个数据时可能会有一些迷茫，因为数据量太大，不知道从何入手。这个时候可以抓住其中一个结果导向的数据作为体现。直通车最体现结果导向的一个数据就是点击量，然后再来分析其他 4 个数据跟点击量之间的关系。我们可以得出：

$$点击量=曝光量×点击量$$

$$点击量=花费/平均点击花费$$

如图 5-39 所示。

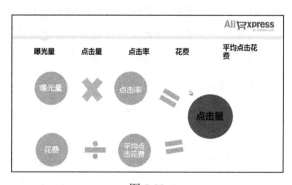

图 5-39

怎样去提高点击量？下面我们就从这 4 个变量入手。首先我们来看曝光量，如图 5-40 所示。

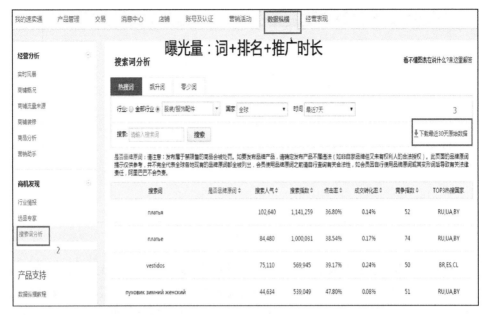

图 5-40

影响曝光量的有这么几个维度：词、排名、推广时长。如果我们的曝光量过低，那么就要去看看有没有把行业的热搜词添加到推广方案中，如果没有，则可以去数据纵横中提取出搜索分析词，按照搜索指数进行降序，把曝光量高的词都加到推广方案中。如果曝光量高的词都加进去了，那么再看一下是否在排名上有问题。进入推广方案中，按照曝光量进行排序，可以看到一般曝光量高的词都是行业热搜的词，如果这些词都已经有了，那么再检查一下它的排名是否在首页，如果不在，那么把一些比较好的词排名往上提前，这样也可以提升店铺的曝光量，如图 5-41 所示。

最后一个是推广时长，因为我们的曝光量是按照天来计算的，如果推广时长不满 24 小时，则对我们的曝光量也会有影响。那么我们就要在后台看一下每天的花费情况，如图 5-42 所示。

例如，我们每天的预算是 50 元，如果刚好花到 50 元，则很可能我们的直通车推广每天都会下线。此时我们要看一下是否有必要提高每天的预算额，从而提高我们的曝光量。

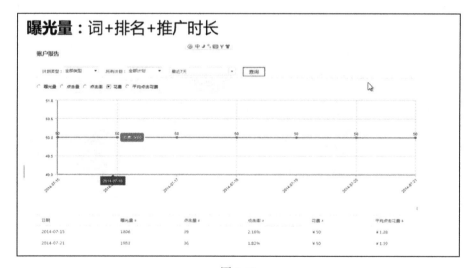

图 5-41

图 5-42

其次我们要从点击率入手，对点击率影响比较大的是关键词、商品、排名，如图 5-43 所示。

点击率：词+商品+排名

日期	曝光量	点击量	点击率
2014-07-16	25857	158	0.61%
2014-07-17	16536	104	0.63%

图 5-43

第三列是点击率数据，如果发现某个关键词的点击率特别低，我们再来看一下关键词报告，将曝光量按降序排列一下，看一下点击量最高的那些词是否是商品匹配的词。例如描述假发的词，是不应该出现类似"Sexy"这样的词的，如果我们的点击量集中在这类词，那么我们的点击率是肯定受影响的，这个时候就要去调整词。如果这些词没有问题，那么我们就要看商品了，如图 5-44 所示。

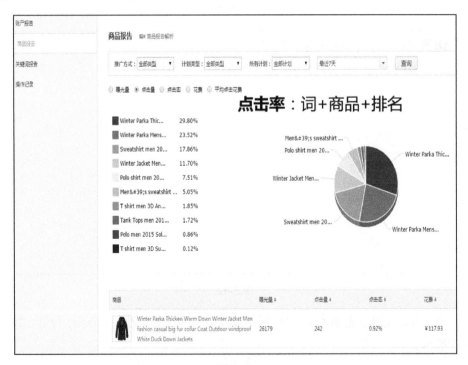

图 5-44

先看一下曝光量最高的商品，然后再跟其他商品的差值对比一下，看是不是曝光量最高的商品本身是有问题的，再从图片以及标题上面看展现是否有问题。这个就是从商品上去发现问题。如果词和商品都没有问题，那么我们就要从排名上去找原因。排名已经在前面讲过了，这里就不细讲。

再看平均点击花费，平均点击花费主要受两个因素影响：推广评分和出价，如图5-45 所示。

图 5-45

下面结合这两个因素来平衡平均点击花费。如果发现某个推广的平均点击花费有异常，则可以查看点击率和平均点击花费这两个维度。将平均点击花费降序排列，因为往往花费最大的词对我们的影响是最大的，所以通过降序排列我们可以查看是不是排名最靠前的词点击率比较低，如果是，我们大概可以判断出这个词跟我们的商品不是非常匹配，那么这个时候可以把这个词稍微降低花费。当然我们不能把所有的平均点击花费高的词都降低，如果点击率是正常的就不用降低花费。因为每个行业的平均点击花费都是不一样的，有些是偏高的。当点击率是正常的时候，那么这个词是可以保留下来的。这个时候要综合去考虑，总之，要结合转化率，合理设置出价，如图5-46所示。

最后我们要从预算上去考虑，当前期 3 个指标都是正常的时候，我们就要考虑是否要增加预算去扩大曝光量和点击量。怎么来评判？首先可以看一下每天的花费情况，如果每天是趋近于一个固定值，则很有可能我们的推广方案是提早下线的，这个时候可以去把每天的预算加大，如图 5-47 所示。

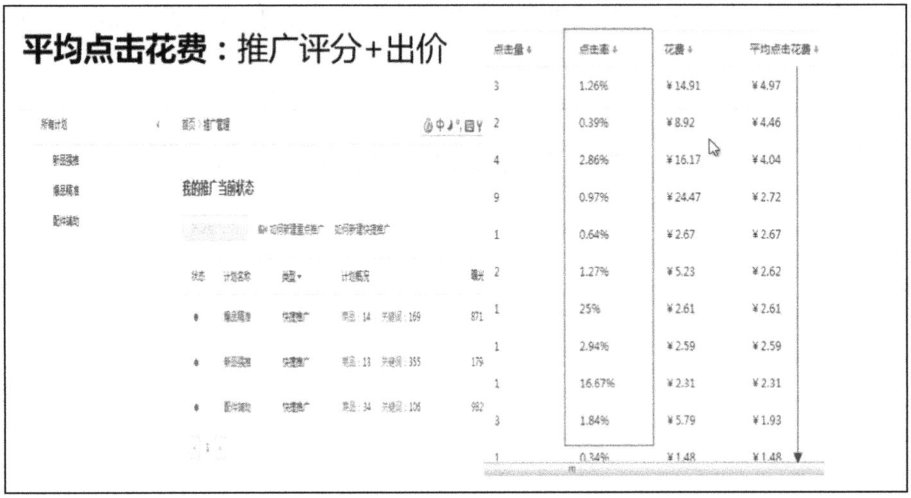

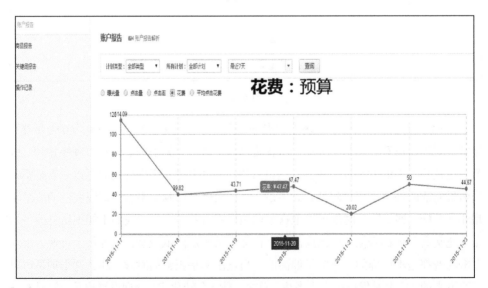

图 5-46

图 5-47

除了看这个数据，我们还可以通过直通车首页提示来查看推广计划每天提前多少小时下线。如果提早下线，则第二天就会出现预算的建议，如图 5-48 所示。

最后我们用一张图来说明用直通车数据报告查看、分析的所有内容，如图 5-49 所示。

图 5-48

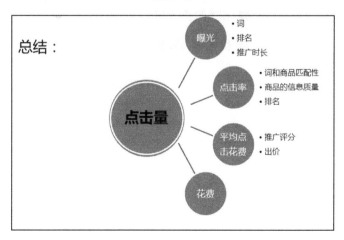

图 5-49

第6章

无线端数据分析

本章要点：

- 明确流量来源
- 相关数据分析
- 优化提高转化

手机占据着人们生活中大部分碎片时间，用手机或者智能终端购物已然是一种生活方式。自 2014 年以来，速卖通无线端流量和订单数量在不断增长，而且随着平台对无线端的大力投入，这种增长趋势还会持续，所以每一位速卖通运营人员都必须重视无线端。

速卖通平台的无线端一共由 4 种访问方式组成，分别是：Android 客户端，iPhone 客户端，iPad 客户端和 M Site（即 m.aliexpress.com，也叫 M 站）。前 3 种客户端需要用对应的手机或者 iPad 下载并安装对应的 APP 来使用，而 M 站则是为了方便没有安装客户端的买家直接访问而设计的。这 4 种访问方式展现的布局稍有不同，但内容都大同小异，在研究无线端的时候可以一并讨论。

无线端有着自身的特点：屏幕小、容易受网络速度影响、产品展现方式有限等，根据数据纵横里提供的无线端数据，我们要重点进行分析的主要是以下 3 点：

（1）明确流量来源。

（2）分析相关数据。

（3）优化提高转化率。

通过对无线端数据进行分析，我们可以找出店铺里适合在无线端推广的产品，并且提高产品在无线端的转化率。

6.1　明确流量来源

无线端的流量主要来源于平台活动、类目浏览、自然搜索、PC 端转化和站外流量。根据目前的经验，不论是从浏览量来看还是从转化率来看，参加平台活动都是效果最好的，所以，平时的无线端抢购活动和各个阶段的大型促销活动我们都应该积极参与。

6.1.1　平台活动

无线端的平台活动主要有两类，一类是常规的平台活动，即卖家可以在后台的营销活动—平台活动页面里选择报名参与速卖通的"无线抢购"活动，这个活动在无线端前台展现的区域是 FLASH DEALS；一类是平台大促，例如，如图 6-1 所示的是 2015

年 8 月 25 日进行的 "8 · 25" 无线端大促活动。

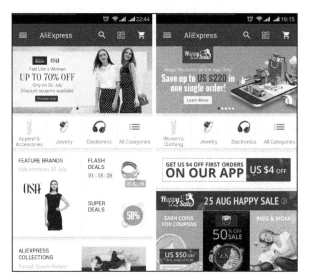

图 6-1

如图 6-1 所示，左图是在常规状态下平台在 Android 客户端的第一屏截图，后台报名的无线抢购活动所在的区域是 FLASH DEALS；右图是 2015 年 "8 · 25" 大促预热期间平台在 Android 客户端的第一屏截图，在 "8 · 25" 大促预热期间，平台针对无线端重点区域进行了调整，把原本在第一屏显著位置的 FLASH DEALS 挪到了第二屏。

由于 3 个客户端和一个 M 站的流量全部集中到了一个小小的屏幕上，所以，从活动页面点击进入二级页面以后，不管是 FLASH DEALS 的产品，还是大促专场的产品，只要产品价格合适、优化得当，得到较高的转化率是顺理成章的事情。

6.1.2　类目浏览

类目浏览是一个很容易被忽略的流量来源阵地，因为我们平时往往过于强调自然搜索和平台活动，反而把这一部分流量给忽略了，其实这一部分流量是相当可观的。我们可以在日常的工作中留意无线端类目浏览的排序规则，看一看怎样才能让自己的产品更好地往前面排。

如图 6-2 左图所示，无线端已经把类目浏览由原来的文字方式改为了直观的图片加文字混合方式，更是把流量最大的区域划给了原本在 PC 端就很火爆的 Women's

Clothing & Accessories 类目。同时，如图 6-2 右图所示，当点击进入 Women's Clothing & Accessories 类目之后会发现二级类目也以图片加文字混合的方式呈现，并且流量最大的左上角区域也给了一直火热的 Dresses 类目。

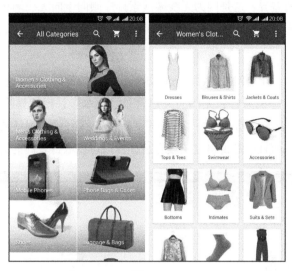

图 6-2

　　单击 "Dresses" 二级类目之后进入的页面如图 6-3 所示。我们在日常工作中可以观察并分析这些产品排在前面的原因，积累出一些经验，争取让自己的产品也有机会排在细分类目浏览的前面。

图 6-3

6.1.3　自然搜索

无线端自然搜索排序和 PC 端自然搜索排序的规则不尽相同，甚至在某些类目下还会出现比较大的差异。这是因为无线端搜索排序倾向于向无线端转化，对店铺的服务等级、产品的优化质量有较高要求，同时还要参考是否做自主营销活动或者参加平台活动。

如图 6-4 所示，在自然搜索"women dresses"关键词时，排在前面的这个产品均符合无线端高转化率的条件：主图为纯白背景且无水印，模特露脸且产品占主图的70%以上、有自主营销活动并且报名参加了"8·25"无线端大促活动，再加上这家店铺服务等级较好，而且产品价格也比较合适，所以可以取得较高的转化率。

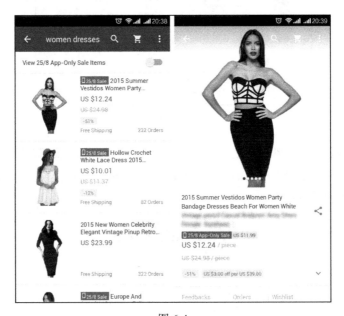

图 6-4

6.1.4　PC 端流量转化

PC 端的转化主要是指一个产品如果同时做了 PC 端和无线端的限时限量折扣活动时，根据现行规则，无线端的折后价比 PC 端的折后价要低，从而能吸引部分买家通过扫描二维码转到无线端下单。

　　如图 6-5 所示，当某个产品既做了 PC 端的限时限量折扣活动又做了无线端的限时限量折扣活动时，在 PC 端会出现一行提示"Save more on the app"并带有下三角按钮，将鼠标指针放上去之后会出现二维码，当买家用无线端 APP 扫码之后会跳转到该产品在无线端的页面，根据现行规则，无线端限时限量活动的折后价要比 PC 端低，所以买家会得到实惠，从而提高无线端的转化率。

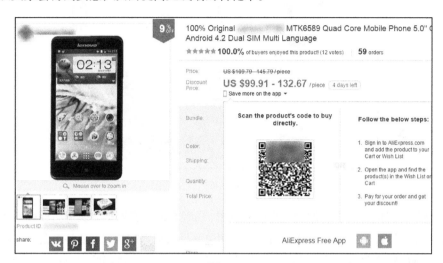

图 6-5

6.1.5　站外流量

　　站外流量主要由两个部分组成，一个是买家通过无线客户端自带的分享功能将产品分享给好友，另一个是产品二维码的应用。

　　图 6-6 左图标注框中的内容就是分享功能。买家的手机如果是 iOS 系统的，点击分享按钮之后，会出现邮件、Facebook、Twitter 三个分享功能供买家选择（俄语用户还会有一个 VK 功能可供选择）；买家的手机如果是 Android 系统的，点击分享按钮之后，会判断用户手机里安装的带分享功能的客户端，供买家选择。

　　如图 6-6 右图所示，另一个分享功能出现在买家完成评价之后，买家完成评价之后，客户端会弹出引导的对话框，询问买家是否愿意将评价的内容分享到 Instagram 中。

图 6-6

站外流量的另一个来源是二维码的应用，已经有部分卖家把无线端店铺或者店里热销产品的网址生成二维码打印到纸上放到包裹里供买家扫描。需要注意的是，不建议把二维码贴到包裹上或者直接印到气泡信封上，一来将二维码贴到包裹上或者印到气泡信封上很容易被磨损，二来在外包装上印上二维码这种明显的商业广告可能会引起目的国海关不必要的误会，影响通关。

6.2 相关数据分析

俗话说，没有转化的流量比没有流量更可怕。明确了无线端流量来源之后，就要查看流量进来之后的表现。可以复制转化率高的产品的经验，把转化率低的产品尽量往转化率高的方向优化，从而达到最大化利用流量。

在数据纵横中可以从以下几个地方查看无线端数据。

（1）数据纵横—商铺概况—商铺经营情况—商铺经营 GMV 看板之 APPs 部分。

（2）数据纵横—商铺概况—商铺经营情况—平台分布及趋势看板之 APPs 和 PC 端 GMV 占比。

（3）数据纵横—商铺概况—商铺核心指标分析—APPs 相关指标。

（4）数据纵横—商铺概况—商铺访客全球分布之 APPs 数据。

（5）数据纵横—商铺流量来源—活动 URL 详情（如果有）和站内 URL 详情。

（6）数据纵横—商品分析—具体商品展开数据分析—APPs 部分。

6.2.1　商铺概况

商铺概况的访问路径是：卖家后台—数据纵横—商铺概况，这里目前是无线端数据信息量最大、最集中的区域。其中主要有三部分内容：商铺经营情况、商铺核心指标分析和商铺访客全球分布，我们分别解读这三部分内容。

如图 6-7 所示是某店铺后台中商铺经营情况—商铺经营 GMV 看板截图，从这里可以看到全店铺和 APPs 选定时间段内的支付金额、访客数、购买率和客单价，值得注意的是，其中有向上或者向下的箭头，这是"上期同比"的意思。

图 6-7

上期同比：选定时间段数据与上一个相同时间段数据对比。例如自定义时间为最近 14 天，则对比上期为上一个 14 天。

计算公式：（本期数据-对比数据）/对比数据。

有了"上期同比"功能，我们可以很方便地看到店铺在指定时间段内的表现是变好了还是变坏了。

如图 6-8 所示是某店铺后台的商铺核心指标分析——APPs 选项卡截图，从这里我们可以直观地看到全店产品在 APPs 上的整体表现。

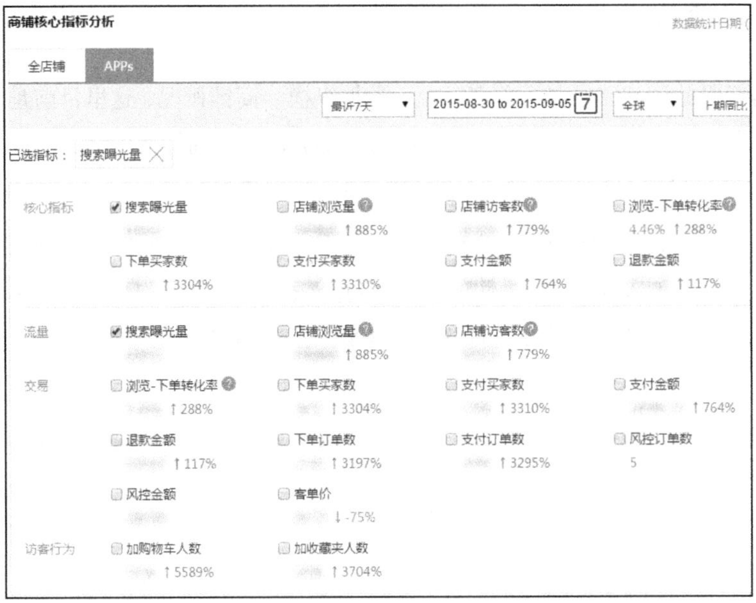

图 6-8

下面对几个带有问号的指标进行解读。

店铺浏览量：店铺所有页面被访问的次数，如果一个人在统计时间内访问多次则记为多次。所有终端的浏览量等于 PC 端浏览量和无线端浏览量之和。

店铺访客数：访问店铺页面或宝贝详情页的去重人数，如果一个人在统计时间范围内访问多次则只记为一个。所有终端访客数为 PC 端访客数和无线端访客数直接相加之和。

浏览-下单转化率：在统计时间内，等于下单买家数/访客数，即来访客户转化为下单买家的比例。

把指标明细收起之后我们可以看到自定义时间段内指定指标项目数值变化的曲线图，最多可以同时选择两个指标查看，如图 6-9 所示。

图 6-9 展示了某店铺选中了"店铺浏览量"和"搜索曝光量"选项之后的截图。

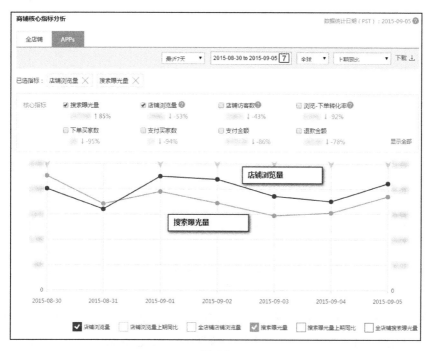

图 6-9

我们日常主要关注的指标是搜索曝光量、店铺浏览量和浏览-下单转化率。

搜索曝光量反映的是店铺内产品在无线端搜索排序曝光的能力,有搜索曝光量并不意味着有浏览量。

店铺浏览量反映的是吸引点击流量的能力,店铺浏览量在通常情况下与搜索曝光量成正相关,但在无线平台举行活动期间或者有强势站外引流期间也有可能和搜索曝光量不成正比。

而我们关注浏览-下单转化率则主要是为了查看变化趋势,如果一段时间内无线端浏览-下单转化率下降很快而且一蹶不振,则要结合当时主推产品来具体分析,从主推商品客单价、无线端页面优化和是否参加了活动等多方面找原因,尽可能地提高转化率。

图 6-10 展示了某店铺后台在商铺访客全球分布页面中选中 PC 端选项时的截图,我们可以看到俄罗斯排第一位,占比 28%,乌克兰紧随其后,以色列占比排第三。

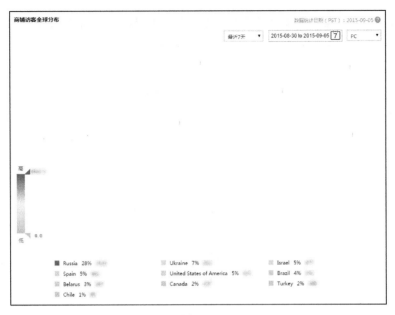

图 6-10

图 6-11 展示了某店铺后台在商铺访客全球分布页面中选中 APPs 选项时的截图，我们可以看到，占比排第一的是俄罗斯，西班牙第二，巴西第三。

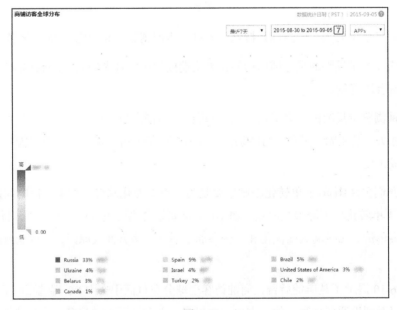

图 6-11

通过图 6-10 和图 6-11 的对比可以看到，不同国家的买家访问该店铺产品使用的主流方式不尽相同，有些国家的买家侧重于 PC 端，有些国家的买家侧重于无线端。这就给我们一些启示，可以针对不同国家买家使用设备的不同侧重而有针对性地优化产品，甚至可以在自己的手机上将买家客户端设置为最大来源国的区域和语言来进行调试。

6.2.2   商铺流量来源

卖家后台—数据纵横—商铺流量来源统计页面中有活动、直接访问、站内其他、站内搜索、购物车、收藏夹、类目浏览、直通车和站外总计这几项，如图 6-12 所示。

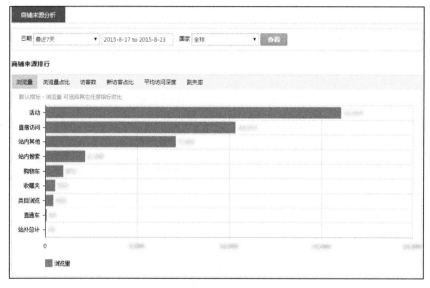

图 6-12

其中，体现无线数据的有两个项目，一个是"活动 URL 详情"，另一个是"站内其他 URL 详情"。

如图 6-13 所示，这是某家店铺参加某次平台活动期间商铺来源分析中的活动 URL 详情，图中 3 处以"http"开头的为经过处理的无线端 URL 来源，我们由此可以看出无线端活动流量占总体活动流量的大致比例。

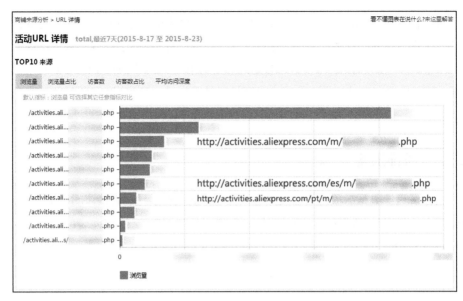

图 6-13

如图 6-14 所示,这是某店铺站内其他 URL 详情截图,从中可以非常直观地看到站内其他 URL 无线端所占比重(即如图 6-14 所示的 m.aliexpress.com/website.html 所占比重)。

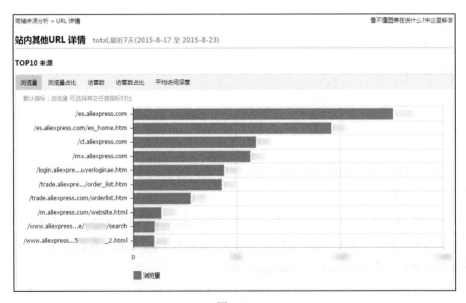

图 6-14

6.2.3 商品分析

商品分析有关无线端数据的访问路径是：数据纵横—商品分析，在打开的页面中选择具体商品展开数据分析—APPs 选项卡。

如图 6-15 所示，找到想要查看的商品展开数据分析之后切换到 APPs 选项卡，会出现该商品 APPs 核心指标。如果点击"显示全部"按钮，则会出现该产品 APPs 全部指标，如图 6-16 所示。

图 6-15

下面对几个带有问号的指标进行解读。

搜索点击率：商品在搜索或者类目曝光后被点击的比例。其等于搜索点击到商品页人数/搜索曝光人数。此指标为后台计算，分子和分母未开放。

浏览-下单转化率：在统计时间内，等于下单买家数/访客数，即来访客户转化为下单买家的比例。

商品页访客数：在访问该商品详情页的买家总数。

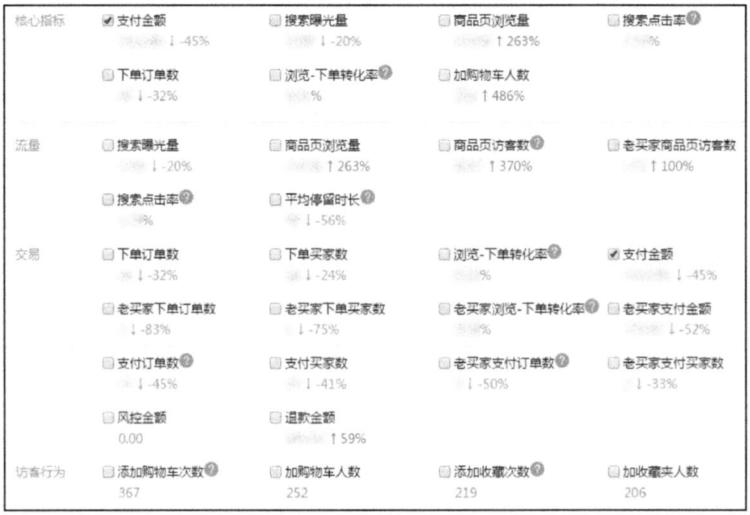

图 6-16

平均停留时长：在统计时间段内访客访问店铺或商品详情页面的平均时长，单位为秒。

老买家浏览-下单转化率：在统计时间内，等于老买家下单数/老买家访客数，即老买家转化为下单买家的比例。老买家指之前在本店有过支付的买家。

支付订单数：该商品在选定时间范围支付成功的订单数，含之前下单的订单。

老买家支付订单数：该商品在选定时间范围，老买家支付成功的订单数，含之前下单的订单。老买家指之前在本店有过支付的买家。

添加购物车次数：该商品被买家添加到购物车的次数。

添加收藏次数：该商品被买家收藏的次数。

在把全部指标展示收起之后，可以最多同时选择两个指标来进行分析，查看该产品在指定时间段内的表现是变好还是变坏，可以从以下这几个方面来考虑。

一是无线端布局优化，二是店铺营销活动，三是无线端平台活动，四是自主站外引流。

6.2.4 数据对比

如果只单独地查看某一个产品的无线端指标，那么最多只能对此产品进行分析，不能发现比它更优秀的产品，也不利于找准针对无线端的优化方向。

所以，我们需要对店铺里不同表现的产品进行分析，挑几个核心指标来对比，然后找到转化率高的产品之所以转化率高的原因，从而为产品优化和后续选品提供依据。

如表 6-1 所示，这是某店铺四款不同风格产品的真实表现，它们所在的类目也都不相同，我们截取折后价、主图质量、无线详情页质量、活动与否、好评率、点击率、转化率来分析。

表 6-1

产品	折后价	主图质量	无线详情页质量	活动与否	好评率	点击率	转化率	产品特点
A	US$9.99	优	优	平台活动	100%	1.87%	8.79%	活动、性价比
B	US$99.99	一般	优	无	100%	2.19%	0.32%	高搜索
C	US$29.99	一般	优	无	96.1%	0.49%	2.49%	普通平价款
D	US$8.99	良	优	店铺活动	100%	5.17%	9.05%	性价比高

A 产品属于典型的针对平台活动优化过的类型，其主图质量优、性价比高、好评率高，转化率高。

B 产品属于新科技、新上市热门搜索类型，无奈其价格太高，导致有点击率，但转化率低。

C 产品属于普通平价大众款类型，因为其价格一般，没有做活动，好评一般，所以转化率也一般。

D 产品属于配件类产品，主图质量良好，折后性价比高，参加了店铺活动，需求大，转化率高。

综合上述分析，要想让产品在无线端尽可能地实现高点击、高转化率，最好做到以下几点。

（1）产品日常需求强劲或者搜索旺盛。

（2）产品无线端折后性价比越高，转化率就越高。

（3）将主图和无线端详情页质量做到优秀。

（4）参加平台活动或者做店铺自主营销限时限量折扣活动。

（5）产品好评多、好评率高。

如果某个产品做到了上述几点，那么它在无线端的表现就不会差。

6.3 优化提高转化率

抛开产品本身的属性，从平台的角度出发，我们可以从 6 张产品图、手机专享价、详情页这三个方面对产品进行优化。

6.3.1 6 张产品图

当我们发布产品到了上传 6 张产品图片这一步时，如果产品图片不符合要求，则平台会在图片缩略图的左上角加上一个感叹号来提醒，如图 6-17 所示。

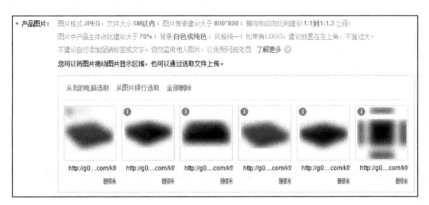

图 6-17

与此同时，平台也给出了建议，即图片格式为 JPEG，文件大小在 5MB 以内；图片像素建议大于 800×800；横向和纵向比例建议设为 1:1 到 1:1.3；图片中产品主体占比建议大于 70%；背景为白色或纯色，风格统一；如果有 LOGO，则建议放置在左上角，不宜过大。

不用担心上传图片的体积太大会影响无线端的加载，无线端加载的图片是经过平台系统优化过的，我们只需要按平台的提示来上传 6 张产品图就好。而且，这 6 张产品图最好能清晰展示产品的各角度细节，这样一来就能让买家不需要再在无线端点击

Description 就能看清产品全貌，增加其下单的可能性。

6.3.2　手机专享价

设置手机专享价是一种营销策略，一是为了满足买家"买到打折产品"的心理期望，二是为了让买家在过滤搜索选项时不会因为勾选了"打折"选项而把我们的产品过滤掉。要是能配合店铺优惠券和全店铺"满立减"设置来店铺活动就会让无线端页面更有吸引力，如图 6-18 所示。

图 6-18

6.3.3　详情页优化

因为现在速卖通平台还没有单独的可以对无线端页面进行编辑的地方，所以我们必须要考虑到产品详情页在 PC 端和无线端的适配。

并不是每一个产品都需要进行无线端的优化，因为大部分产品是不需要优化的，只是少数产品在 PC 端编辑时指定了布局宽度才导致无线端页面显示异常（通常是 PC 端页面显示完整但无线端页面只显示出图片的一部分）。只有发现显示异常时才需要到 PC 端后台调整，切换到源代码视图，找到布局的宽度值，删掉或者改为 100%就可以做到和无线端适配。

同样，还要检查自定义产品信息模块，部分产品是因为自定义产品信息模块而导致 PC 端与无线端无法完美适配的。

我们还可以用谷歌浏览器模拟各种手机、iPad 客户端，访问 M 站的产品链接来调试无线端页面。

提示

无线端优化小贴士：

1. 现行布局规律

（1）PC 端详情页理论宽度为 960px，但实际可设置宽度为 950px。

（2）布局有三种，一是默认不讲究布局，二是 div 布局，三是 table 布局。

（3）若 table 或 div 布局指定了宽度，则无线端按指定宽度适配（像素值或者百分比）。

（4）没有放入 table 布局里面的图片会被无线端抓取自动缩放以适应整个手机屏幕 100%的宽度，放入了 table 布局里面的图片则按 table 布局等比例缩放。

（5）PC 端单独对<img>图像指定宽度和高度，这对无线端没有影响。

2. 优化方法

（1）用手机安装买家客户端或者用谷歌浏览器模拟手机访问 M 站浏览自己的产品。

（2）发现产品 Description 一屏展示不完整而需要往右边滑动时则需要优化。

（3）在 PC 端进入后台产品编辑页面，切换到源代码模式，找到 div 或者 table 的 width 值。

（4）把 div 或者 table 的整个 width 值连同 width 后面的数值删掉，或者把 width 后面的数值改为 100%。

（5）待产品审核过后再用手机客户端或者谷歌浏览器模拟访问 M 站浏览自己产品看是否优化好。